漢蘭臺令史 班固 撰
唐祕書少監 顏師古 注

書

第六册

卷二八至卷三〇（志三）

中華書局

漢書卷二十八上

地理志第八上

昔在黃帝，作舟車以濟不通，旁行天下，〔一〕方制萬里，畫壄分州，〔二〕得百里之國萬區。是故易稱「先王(以)建萬國，親諸侯」，〔三〕書云「協和萬國」，〔四〕此之謂也。堯遭洪水，褱山襄陵，〔五〕天下分絕，爲十二州，〔六〕使禹治之。水土既平，更制九州，列五服，〔七〕任土作貢。〔八〕

〔一〕師古曰：「旁行，謂四出而行之。」

〔二〕師古曰：「方制，制爲方域也。畫謂爲之界也。壄，古野字。畫音獲。」

〔三〕師古曰：「易比卦象辭。」

〔四〕師古曰：「虞書堯典之辭也。」

〔五〕師古曰：「褱字與(古)懷(字)同。懷，包也。襄，駕也。言水大汎溢，包山而駕陵也。」

〔六〕師古曰：「九州之外有幷州、幽州、營州，故曰十二。水中可居者曰州。洪水汎大，各就高陸，人之所居，凡十二處。」

〔七〕師古曰：「其數在下也。」

〔八〕師古曰：「任其土地所有，以定貢賦之差也。」

曰：禹敷土，〔一〕隨山栞木，奠高山大川。〔二〕

〔一〕師古曰：「敷，分也，謂分別治之。自此以下皆是夏書禹貢之文。」

〔二〕師古曰：「栞，古刊字也。奠，定也。言禹隨行山之形狀而刊斫其木，以爲表記，決水通道，故高山大川各得安定也。」

冀州既載，〔一〕壺口治梁及岐。〔二〕既脩太原，至于嶽陽。〔三〕覃懷底績，至于衡章。〔四〕厥土惟白壤。〔五〕厥賦上上錯，〔六〕厥田中中。〔七〕恒、衞既從，大陸既作。〔八〕鳥夷皮服。〔九〕夾右碣石，入于河。〔一〇〕

〔一〕師古曰：「兩河間曰冀州。載，始也。冀州，堯所都，故禹治水自冀州始也。」

〔二〕師古曰：「壺口山在河東。梁山在夏陽。岐山在美陽，即今之岐州岐山縣箭括嶺也。禹循山而西，治衆水。」

〔三〕師古曰：「太原即今之晉陽是也。嶽陽在太原西南。」

〔四〕師古曰：「覃懷，近河地名也。底，致也。績，功也。衡章，謂章水橫流而入河也。言禹於覃懷致功以至衡章也。底音之履反。」

〔五〕師古曰：「柔土曰壤。」

〔六〕師古曰：「賦者，發斂土地所生之物以供天子也。上上，第一也。錯，雜也。言賦第一，又雜出諸品也。」

〔七〕師古曰：「言其高下之形揔於九州之中爲第五也。一曰，爲其肥瘠之等差也。它皆類此。」

〔八〕師古曰：「恆、衞，二水名。恆水出恆山，衞水在靈壽。大陸，澤名，在鉅鹿北。言恆、衞之水各從故道，大陸之澤已可耕作也。」

〔九〕師古曰：「此東北之夷，搏取鳥獸，食其肉而衣其皮也。一說，居在海曲，被服容止皆象鳥也。」

〔一〇〕師古曰：「碣石，海邊山名也。言禹夾行此山之右而入于河，逆上也。」

泲、河惟兗州。〔一〕九河既道，〔二〕雷夏既澤，雍、沮會同，〔三〕桑土既蠶，是降丘宅土。〔四〕厥土黑墳，〔五〕屮繇木條。〔六〕厥田中下，〔七〕賦貞，〔八〕作十有三年乃同。〔九〕厥貢漆絲，〔一〇〕厥棐織文。〔一一〕浮于泲、漯，通于河。〔一二〕

〔一〕師古曰：「泲本濟水之字，從水𠂔聲。言此州東南據濟水，西北距河。泲音姊。」

〔二〕師古曰：「九河，河水分爲九，各從其道。爾雅曰：『徒駭、太史、馬頰、覆鬴、胡蘇、簡、絜、鉤般、鬲津，是曰九河。』一說，道讀曰導。導，治也。」

〔三〕師古曰：「雷夏，澤名，在濟陰城陽西北。言此澤還復其故，而雍、沮二水同會其中也。沮音千余反。」

〔四〕師古曰：「降，下也。宅，居也。言此地宜桑，先時人衆避水，皆上丘陵，今水害除，得以蠶織，故皆下丘居平土也。」

〔五〕師古曰：「色黑而墳起也。墳音扶粉反。」

〔六〕師古曰：「屮，古草字也。繇，悅茂也。條，脩暢也。繇音弋昭反。」

〔七〕師古曰：「第六也。」

〔八〕師古曰：「貞，正也。州第九，賦亦正當也。」

〔九〕師古曰：「治水十三年，乃同於它州，言用功多也。」

〔一〇〕師古曰：「貢，獻也。地宜漆林，又善蠶絲，故以獻也。」

〔一一〕師古曰：「棐與篚同。篚，竹器，筐屬也。織文，錦綺之類，盛於筐篚而獻之。」

〔一二〕師古曰：「浮，以舟渡也。泲、漯，二水名。漯水出東郡東武陽。因水入水曰通。漯音它合反。」

海、岱惟青州。〔一〕嵎夷既略，惟、甾其道。〔二〕厥土白墳，海瀕廣潟。〔三〕田上下，賦中上。〔四〕貢鹽、絺，海物惟錯，〔五〕岱畎絲、枲、鈆、松、怪石，〔六〕萊夷作牧，厥棐檿絲。〔七〕浮于汶，達于泲。〔八〕

〔一〕師古曰：「東北據海，西南距岱。岱即太山也。」

〔二〕師古曰：「嵎夷，地名也，即陽谷所在。略，言用功少也。惟、甾，二水名。皆復故道也。惟水出琅邪箕屋山。甾水出泰山萊蕪縣。惟字今作濰，甾字或作淄，古今通用也。一曰，道讀曰導。導，治也。」

〔三〕師古曰：「瀕，水涯也。潟，鹵鹹之地。瀕音頻，又音賓。潟音昔。」

〔四〕師古曰：「田第三，賦第四。」

〔五〕師古曰：「葛之精者曰絺。海中物產既多，故雜獻。」

〔六〕師古曰：「畎，小谷也。枲，麻屬也。鈆，青金也。怪石，石之次玉美好者也。言岱山之谷，出絲、枲、鈆、松、怪石五種，皆獻之。畎音工犬反。」

〔七〕師古曰：「萊山之夷，地宜畜牧。檿，檿桑也。食檿之蠶絲，可以弦琴瑟。檿音烏簟反。」

〔八〕師古曰：「汶水出泰山郡萊蕪縣原山。言渡汶水西達于泲也。汶音問。」

海、岱及淮惟徐州。〔一〕淮、沂其乂，蒙、羽其蓺。〔二〕大壄既豬，東原厎平。〔三〕厥土赤埴墳，草木漸包。〔四〕田上中，賦中中。〔五〕貢土五色，〔六〕羽畎夏狄，嶧陽孤桐，〔七〕泗瀕浮磬，〔八〕淮夷蠙珠臮魚，〔九〕厥棐玄纖縞。〔一〇〕浮于淮、泗，達于河。〔一一〕

〔一〕師古曰：「東至海，北至岱，南及淮。」

〔二〕師古曰：「淮、沂二水已治，蒙、羽二山皆可種蓺也。淮出大復山。沂出泰山。沂音牛依反。」

〔三〕師古曰：「大野即鉅野澤也。豬，停水也。東原，地名。厎，致也。言大野之水既已停蓄也。東原之地致功而平，可耕稼也。」

〔四〕師古曰：「埴，黏土也。漸包，言相漸及包裹而生。」

〔五〕師古曰：「田第二，賦第五。」

〔六〕師古曰：「王者取五色土，封以爲太社，而此州畢貢之，言備有。」

〔七〕師古曰：「羽畎，羽山之谷也。夏狄，狄雉之羽可爲旌旄者也，羽山之谷出焉。嶧陽，嶧山之陽也。山南曰陽。孤桐，特生之桐也，可爲琴瑟，嶧山之南生焉。嶧音繹。」

〔八〕師古曰：「泗水之涯浮出好石，可爲磬也。泗水出濟陰乘氏縣。」

〔九〕師古曰：「淮夷，淮水上之夷也。蠙珠，珠名。臮，及也。言其地出珠及美魚也。蠙音步千反，字或作玭。」

〔一〇〕師古曰：「玄，黑也。纖，細繒也。縞，鮮支也，即今所謂素者也。言獻黑細繒及鮮支也。」

〔一一〕師古曰：「渡二水而入于河。」

淮、海惟揚州。〔一〕彭蠡既豬，陽鳥逌居。〔二〕三江既入，震澤厎定。〔三〕篠簜既敷，〔四〕屮夭木喬。〔五〕厥土塗泥。〔六〕田下下，賦下上錯。〔七〕貢金三品，〔八〕瑤、琨、篠簜，齒、革、羽毛，〔九〕鳥夷卉服，〔一〇〕厥棐織貝，〔一一〕厥包橘、柚，錫貢。〔一二〕均江海，通于淮、泗。〔一三〕

〔一〕師古曰：「北據淮，南距海。」

〔二〕師古曰：「彭蠡，澤名，在彭澤縣西北。陽鳥，隨陽之鳥也。言彭蠡之水既已蓄聚，則鴻雁之屬所共居之。蠡音禮。」

〔三〕師古曰：「三江，謂北江、中江、南江也。震澤在吳西，即具區也。厎，致也。言三江既入，則震澤致定。」

〔四〕師古曰：「篠，小竹也。簜，大竹也。敷謂布地而生也。篠音先了反。簜音蕩。」

〔五〕師古曰：「夭，盛貌也。喬，上竦也。夭音於驕反。喬音橋，又音驕。」

〔六〕師古曰：「瀸洳溼也。」

〔七〕師古曰：「田第九，賦第七。又雜出諸品。」

〔八〕師古曰：「金、銀、銅。」

〔九〕師古曰：「瑤、琨，皆美玉名也。齒，象齒也。革，犀革也。羽旄，謂衆鳥之羽可爲旄者也。琨音昆。」

〔一〇〕師古曰：「鳥夷，東南之夷善捕鳥者也。卉服，絺葛之屬。」

〔一一〕師古曰：「織謂細布也。貝，水蟲也，古以為貨。」

〔一二〕師古曰：「柚，似橘而大，其味尤酸。橘、柚皆不耐寒，故包裹而致之也。錫貢者，須錫命而獻之，言不常來也。柚音弋救反。」

〔一三〕師古曰：「均，平也。通淮、泗而入江海，故云平。」

荊及衡陽惟荊州。〔一〕江、漢朝宗于海。〔二〕九江孔殷，〔三〕沱、灊既道，雲夢土作乂。〔四〕厥土塗泥。田下中，賦上下。〔五〕貢羽旄、齒、革，金三品，〔六〕杶、榦、栝、柏，厲、砥、砮、丹，〔七〕惟箘簬、楛，三國厎貢厥名，〔八〕包匭菁茅，〔九〕厥棐玄纁璣組，〔一〇〕九江納錫大龜。〔一一〕浮于江、沱、灊、漢，逾于洛，至于南河。〔一二〕

〔一〕師古曰：「北據荊山，南及衡山之陽也。」

〔二〕師古曰：「江、漢二水歸入于海，有似諸侯朝於天子，故曰朝宗。宗，尊也。」

〔三〕師古曰：「孔，甚也。殷，中也。言江水於此州界分為九道，甚得地形之中。」

〔四〕師古曰：「沱、灊，二水名，自江出為沱，自漢出為灊。雲夢，澤名。言二水既從其道，則雲夢之土可為（畋魚）〔畎畝〕之治也。沱音徒何反。灊音潛。一曰，道讀曰導。導，治也。」

〔五〕師古曰：「田第八，賦第三。」

〔六〕師古曰：「自金以上所貢與揚州同。」

〔七〕師古曰：「杶木似樗而實。幹，柘也。栝木柏葉而松身。厲，磨也。砥，其尤細者也。砮，石名，可爲矢鏃。丹，赤石也，所謂丹沙者也。杶音丑倫反。栝音古活反。砥音指，又音（祗）〔抵〕。砮音奴。」

〔八〕師古曰：「箘簬，竹名，楛，木名也，皆可爲矢。言此州界本有三國致貢斯物，其名稱美也。箘音囷。簬音路。楛音（枯）〔怙〕。」

〔九〕師古曰：「匭，柙也。菁，菜也，可以爲菹。茅可以縮酒。苞其茅匭其菁而獻之。匭音軌。菁音精。」

〔一〇〕師古曰：「玄，黑色。纁，絳也。璣，珠之不圜者。組，綬類也。纁音勳。璣音機，又音祈。」

〔一一〕師古曰：「大龜尺有二寸，出於九江。錫命而納，不常獻也。」

〔一二〕師古曰：「逾，越也。言渡四水而越洛，乃至南河也。南河在冀州南。」

荊、河惟豫州。〔一〕伊、雒、瀍、澗既入于河，〔二〕滎、波既豬，〔三〕道荷澤，被盟豬。〔四〕厥土惟壤，下土墳壚。〔五〕田中上，賦錯上中。〔六〕貢漆、枲、絺、紵，棐纖纊，〔七〕錫貢磬錯。〔八〕浮于洛，入于河。〔九〕

〔一〕師古曰：「西南至荊山，北距河水。」

〔二〕師古曰：「伊出陸渾山，雒出冢領山，瀍出穀成山，澗出黽池山，四水皆入河。」

〔三〕師古曰：「滎，沇水泆出所爲也，即今滎澤是也。波，亦水名。言其水並已遏聚矣。一說，謂滎水之波。」

〔四〕師古曰：「荷澤在湖陵。盟豬亦澤名，在荷之東北。言治荷澤之水衍溢，則使被及盟豬，不常入也。道讀曰導。荷音歌。被音被馬之被。盟音孟。」

〔五〕師古曰：「高地則壤，下地則墳。壚謂土之剛黑者也，音盧。」

〔六〕師古曰：「田第四，賦第二，雜出第一。」

〔七〕師古曰：「紵，織紵爲布及練也。纖纊，細綿也。紵音佇。纊音曠。」

〔八〕師古曰：「錯，治玉之石。磬錯，言可以治磬也。亦待錫命而貢。」

〔九〕師古曰：「因洛入河也。」

華陽、黑水惟梁州。〔一〕岷、嶓既藝，沱、灊既道，〔二〕蔡、蒙旅平，和夷厎績。〔三〕厥土青黎。〔四〕田下上，賦下中三錯。〔五〕貢璆、鐵、銀、鏤、砮、磬，〔六〕熊、羆、狐、狸、織皮。〔七〕西頃因桓是倈，〔八〕浮于灊，逾于沔，〔九〕入于渭，亂于河。〔一〇〕

〔一〕師古曰：「東據華山之南，西距黑水。」

〔二〕師古曰：「岷，岷山也。嶓，嶓冢山也。言水已去，二山之土皆可種藝。沱、灊，二水，治從故道也。岷音旻。嶓音波。道讀曰導。」

〔三〕師古曰：「蔡、蒙，二（水）〔山〕名。旅，陳也。旅平，言已平治而陳祭也。和夷，地名，亦以致功可耕稼也。」

〔四〕師古曰：「色青而細疏。」

〔五〕師古曰：「田第七，賦第八，又雜出第七至第九，凡三品。」

〔六〕師古曰：「璆，美玉也。鏤，剛鐵也。砮，砮石也。璆音虯。」

〔七〕師古曰：「織皮，謂罽也。言貢四獸之皮，又貢（維）〔雜〕罽。」

〔八〕師古曰：「西頃，山名，在臨洮西南。桓，水名也。言治西頃山，因桓水是來，無它道也。頃讀曰傾。」

〔九〕師古曰：「漢上曰沔，音莫踐反。」

〔一○〕師古曰：「正絕流曰亂。」

黑水、西河惟雍州。〔一〕弱水既西，〔二〕涇屬渭汭。〔三〕漆、沮既從，酆水逌同。〔四〕荆、岐既旅，〔五〕終南、惇物，至于鳥鼠。〔六〕原隰厎績，至于豬壄。〔七〕三危既宅，三苗丕敍。〔八〕厥土黃壤。田上上，賦中下。〔九〕貢球、琳、琅玕。〔一○〕浮于積石，至于龍門西河，〔一一〕會于渭汭。〔一二〕織皮昆崘、析支、渠叟，西戎即敍。〔一三〕

〔一〕師古曰：「西據黑水，東距西河。西河即龍門之河也，在冀州西，故曰西河。」

〔二〕師古曰：「治使西流至合黎。」

〔三〕師古曰：「屬，逮也。水北曰汭。言治涇水入于渭也。屬音之欲反。汭音芮，又音而悅反。」

〔四〕師古曰：「漆、沮，即馮翊之洛水也。酆水出酆之南山。言漆、沮既從入渭，酆水亦來同也。逌，古攸字也。攸，所也。沮音七余反。」

〔五〕師古曰：「荆、岐，二山名。荆在岐東。言二山治畢，已旅祭也。」

〔六〕師古曰：「終南、惇物二山皆在武功。鳥鼠山在隴西首陽西南。自終南西出至于鳥鼠也。」

〔七〕師古曰：「高平曰原，下溼曰隰。豬壄，地名。言皆致功也。」

〔八〕師古曰：「三危，山名，已可居也。三苗，本有苗氏之族，徙居於此，分而爲三，故言三苗。今皆大得其次敍。」

〔九〕師古曰：「田第一，賦第六。」

〔一〇〕師古曰：「球、琳，皆玉名。琅玕，石似珠者也。球音求，又音虯。琳音林。琅音郎。玕音干。」

〔一一〕師古曰：「積石山在金城西南，龍門山在河東之西界，皆河水所經。」

〔一二〕師古曰：「逆流曰會。自渭北涯逆流西上。」

〔一三〕師古曰：「昆侖、析支、渠叟，三國名也。言此諸國皆織皮毛，各得其業。而西方遠戎，並就次敘也。叟讀曰搜。」

道汧及岐，至于荊山，〔一〕逾于河；〔二〕壺口、雷首，至于大嶽；〔三〕厎柱、析城，至于王屋；〔四〕太行、恆山，至于碣石，入于海。〔五〕西傾、朱圉、鳥鼠，至于太華；〔六〕熊耳、外方、桐柏，至于倍尾。〔七〕道嶓冢，至于荊山；〔八〕內方，至于大別；〔九〕崏山之陽，至于衡山，〔一〇〕過九江，至于敷淺原。〔一一〕

〔一〕師古曰：「自此以下，更說所治山水首尾之次也。治山通水，故舉山言之。汧山在汧縣西。道讀曰導。後皆類此。汧音苦堅反。」

〔二〕師古曰：「即梁山龍門。」

〔三〕師古曰：「自壺口、雷首而至大嶽也。雷首在河東蒲阪南。大嶽即所謂嶽陽者。」

〔四〕師古曰：「厎柱在陝縣東北，山在河中，形若柱也。析城山在濩澤西南。王屋山在垣縣東北。」

〔五〕師古曰：「太行山在河內山陽西北。恆山在上曲陽西北。言二山連延，東北接碣石而入于海。行音胡郎反。」

〔六〕師古曰：「朱圉山在漢陽冀縣南。太華即今華陰山。」

〔七〕師古曰：「熊耳在陝東。外方在潁川故縣，即崇高也。桐柏在平氏東南。倍尾在安陸東北。言四山相連也。倍讀曰陪。」

〔八〕師古曰：「嶓冢山在梁州南。此荆山在南郡臨沮東北。嶓音波。」

〔九〕師古曰：「內方在荆州。大別在廬江安豐也。」

〔一〇〕師古曰：「崏山在蜀郡湔氐西。衡山在長沙湘南之東南。崏山，江所出。衡山，江所經。」

〔一一〕師古曰：「敷淺原，一名(博)〔傅〕陽山，在豫章歷陵南。」

道弱水，至于合藜，餘波入于流沙。〔一〕道黑水，至于三危，入于南海。〔二〕道河積石，至于龍門，〔三〕南至于華陰，東至于底柱，〔四〕又東至于盟津，〔五〕東過洛汭，至于大伾，〔六〕北過降水，至于大陸，〔七〕又北播爲九河，〔八〕同爲逆河，入于海。〔九〕嶓冢道漾，東流爲漢，〔一〇〕又東爲滄浪之水，〔一一〕過三澨，至于大別，〔一二〕南入于江，〔一三〕東匯澤爲彭蠡，〔一四〕東爲北江，入于海。〔一五〕崏山道江，東別爲沱，〔一六〕又東至于醴，〔一七〕過九江，至于東陵，〔一八〕東迆北會于匯，〔一九〕東爲中江，入于海。〔二〇〕道沇水，東流爲泲，〔二一〕入于河，軼爲滎，〔二二〕東出于陶丘北，〔二三〕又東至于荷，〔二四〕又東北會於汶，〔二五〕又北東入于海。〔二六〕道淮自桐柏，東會于泗、沂，東入于海。道渭自鳥鼠同穴，東會于酆，又東至于涇，又東過漆、沮，入于河。道洛自熊耳，東北會于澗、瀍，又東會于伊，又東北入于河。

〔一〕師古曰：「合藜山在酒泉。流沙在敦煌西。」

〔二〕師古曰：「黑水出張掖雞山，南流至敦煌，過三危山，又南流而入于南海。」

〔三〕師古曰：「積石山在河關西羌中。龍門山在夏陽北。言治河施功，自積石起，鑿山穿地，以通其流，至龍門山也。」

〔四〕師古曰：「自龍門南流以至華陰，又折而東經厎柱。」

〔五〕師古曰：「盟讀曰孟。孟津在洛陽之北，都道所湊，故號孟津。孟，長大也。」

〔六〕師古曰：「洛汭，洛入河處，蓋今所謂洛口也。山再重曰伾。大伾山在成皋。伾音平鄙反。」

〔七〕師古曰：「降水在信都。大陸在鉅鹿。」

〔八〕師古曰：「播，布也。」

〔九〕師古曰：「同，合也。九河又合而爲一，名爲逆河，言相迎受也。海卽渤海是也。」

〔一〇〕師古曰：「漾水出隴西氐道，東流過武關山南爲漢。禹治漾水自嶓冢始也。漾音恙。」

〔一一〕師古曰：「出荆山東南流爲滄浪之水，卽漁父所歌者也。浪音琅。」

〔一二〕師古曰：「三澨水在江夏竟陵。澨音筮。」

〔一三〕師古曰：「觸大別山而南入江也。」

〔一四〕師古曰：「匯，迴也，又東迴而爲彭蠡澤也。匯音胡賄反。」

〔一五〕師古曰：「自彭蠡江分爲三，遂爲北江而入海。」

〔一六〕師古曰：「別而出也，江東南流，沱東行也。沱音徒何反。」

〔一七〕師古曰：「醴水在荆州。」

〔一八〕師古曰：「東陵，地名。」

〔九〕師古曰：「迆，溢也。東溢分流，都共北會彭蠡也。迆音弋爾反。」
〔一〇〕師古曰：「亦自彭蠡出。」
〔一一〕師古曰：「泉出王屋山，名爲沇，流去乃爲泲也。沇音弋轉反。」
〔一二〕師古曰：「軼與溢同。言濟水入河，並流而南，截河，又並流溢出，乃爲滎澤。一曰軼，過也，音逸。」
〔一三〕師古曰：「陶丘，丘再重也，在濟陰定陶西南。」
〔一四〕師古曰：「卽荷澤。」
〔一五〕師古曰：「濟與汶合。」
〔一六〕師古曰：「北折而東也。」

九州逌同，〔一〕四奧既宅，〔二〕九山栞旅，〔三〕九川滌原，〔四〕九澤既陂，〔五〕四海會同。〔六〕六府孔修，〔七〕庶土交正，厎慎財賦，〔八〕咸則三壤，成賦中國。〔九〕錫土姓：「祗台德先，不距朕行。」〔一〇〕

〔一〕師古曰：「各以其所而同法。」
〔二〕師古曰：「奧讀曰墺，謂土之可居者也。宅亦居也。言四方之土已可定居也。墺音於六反。」
〔三〕師古曰：「九州之山皆已栞木通道而旅祭也。」
〔四〕師古曰：「九州泉源皆已清滌無壅塞。」
〔五〕師古曰：「九州陂澤皆已遏障無決溢。」

〔六〕師古曰：「四海之內皆同會京師。」

〔七〕師古曰：「水、火、金、木、土、穀皆甚治。」

〔八〕師古曰：「言衆土各以其所出，交易有無，而不失正，致慎貨財，以供貢賦。」

〔九〕師古曰：「言皆隨其土田上中下三品，而成其賦於中國也。中國，京師也。」

〔一〇〕師古曰：「台，養也。言封諸侯，賜之土田，因以爲姓。所敬養者，惟德爲先，故無距我之行也。台音怡。」

五百里甸服：〔一〕百里賦內總，〔二〕二百里(納)〔內〕銍，〔三〕三百里內戛服，〔四〕四百里粟，五百里米。〔五〕五百里侯服：〔六〕百里采，〔七〕二百里男國，〔八〕三百里諸侯。〔九〕五百里綏服：〔一〇〕三百里揆文教，〔一一〕二百里奮武衞。〔一二〕五百里要服：〔一三〕三百里夷，〔一四〕二百里蔡。〔一五〕五百里荒服：〔一六〕三百里蠻，〔一七〕二百里流。〔一八〕東漸于海，西被于流沙，朔、南曁，聲教訖于四海。〔一九〕

〔一〕師古曰：「規方千里，最近王城者爲甸服，則四面五百里也。甸之爲言田也，主爲王者治田。」

〔二〕師古曰：「自此以下，說甸服之內，以差言之也。總，禾稾摠入也。內讀曰納。下皆類此。」

〔三〕師古曰：「銍謂所刈，即禾穗也。銍音窒。」

〔四〕師古曰：「戛，稾也。言服者，謂有役則服之耳。戛音工黠反。」

〔五〕師古曰：「精者納少，麤者納多。」

〔六〕師古曰：「此次甸服之外方五百里也。侯，候也，主斥候而服事也。」

〔七〕師古曰：「又說侯服內之差次也。采，事也，王事則供之，不主一也。」

〔八〕師古曰：「男之言任，任王事者。」

〔九〕師古曰：「三百里同主斥候，故合而言之爲一等。」

〔一〇〕師古曰：「此又次侯服外之五百里也。綏，安也，言其安服王者政教。」

〔一一〕師古曰：「揆度王者文教而行之也。三百里皆同。」

〔一二〕師古曰：「奮其武力以衞王者。二百里皆同。」

〔一三〕師古曰：「此又次綏服外之五百里也。要，以文教要來之也。要音一遙反。」

〔一四〕師古曰：「夷，易也，言行平易之法也。三百里皆同。」

〔一五〕師古曰：「蔡，法也，遵刑法而已。二百里皆同。」

〔一六〕師古曰：「又次要服外五百里，此五服之最在外者也。荒，言其荒忽，各因本俗。」

〔一七〕師古曰：「蠻謂以文德蠻幕而覆之。三百里皆同。」

〔一八〕師古曰：「任其流移，不考詰也。二百里皆同。」

〔一九〕師古曰：「漸，入也。被，加也。朔，北方也。訖，盡也。言東入于海，西加流沙，北方南方皆及，聲教盡於四海也。一曰，漸，浸；曁，及也。」

禹錫玄圭，告厥成功。〔一〕

〔一〕師古曰：「玄，天色也。堯以禹治水功成，故賜玄圭以表之也。自此以上，皆禹貢之文。」

後受禪於虞，爲夏后氏。

殷因於夏，亡所變改。周既克殷，監於二代而損益之，定官分職，改禹徐、梁二州合之於雍、青，〔一〕分冀州之地以爲幽、并。故周官有職方氏，〔二〕掌天下之地，辯九州之國。

〔一〕師古曰：「省徐州以入青州，并梁州以合雍州。」

〔二〕師古曰：「夏官之屬也。職，主也，主四方之土地。」

東南曰揚州：其山曰會稽，〔一〕藪曰具區，〔二〕川曰三江，寖曰五湖；〔三〕其利金、錫、竹箭；民二男五女；畜宜鳥獸，〔四〕穀宜稻。

〔一〕師古曰：「在山陰縣。」

〔二〕師古曰：「藪，大澤也。具區在吳也。」

〔三〕師古曰：「寖，古浸字也。川，水之通流者也。浸謂引以灌溉者。五湖在吳。」

〔四〕師古曰：「鳥，孔翠之屬。獸，犀象之屬。」

正南曰荊州：其山曰衡，藪曰雲夢，川曰江、漢，寖曰潁、湛；〔一〕其利丹、銀、齒、革；民一男二女；畜及穀宜，與揚州同。

〔一〕師古曰：「潁水出陽城陽乾山，宜屬豫州。許慎又云『湛水，豫州浸』。並未詳也。湛音直林反，又音直減反。」

河南曰豫州：其山曰華，〔一〕藪曰圃田，〔二〕川曰滎、雒，寖曰波、溠；〔三〕其利林、漆、絲

枲；民二男三女；畜宜六擾，〔四〕其穀宜五種。〔五〕

〔一〕師古曰：「即華陰之華山也。連延東出，故屬豫州。」

〔二〕師古曰：「在中牟。」

〔三〕師古曰：「滎即沇水所溢者也。波即上禹貢所云滎波者也。溠水在楚，亦不當爲豫州浸也。溠音莊亞反。」

〔四〕師古曰：「馬、牛、羊、豕、犬、雞也。謂之擾者，言人所馴養也。擾音人沼反。」

〔五〕師古曰：「黍、稷、菽、麥、稻。」

正東曰青州：其山曰沂，藪曰孟諸，〔一〕川曰淮、泗，寖曰沂、沭；〔二〕其利蒲、魚；民一男三女；其畜宜雞、狗，穀宜稻、麥。

〔一〕師古曰：「沂山在蓋縣，即沂水所出也。孟諸，即盟豬也。」

〔二〕師古曰：「沭水出東莞，音術。」

河東曰兗州：其山曰岱，藪曰泰壄，〔一〕其川曰河、泲，寖曰盧、濰；〔二〕其利蒲、魚；民二男三女；其畜宜六擾，穀宜四種。〔三〕

〔一〕師古曰：「即大野。」

〔二〕師古曰：「盧水在濟北盧縣。鄭康成讀曰雷，非也。」

〔三〕師古曰：「馬、牛、羊、豕、犬、雞，黍、稷、稻、麥也。」

正西曰雍州：其山曰嶽，〔一〕藪曰弦蒲，〔二〕川曰涇、汭，〔三〕其浸曰渭、洛；〔四〕其利玉、石；其民三男二女；畜宜牛、馬，穀宜黍、稷。

〔一〕師古曰：「即吳嶽也。」

〔二〕師古曰：「在汧縣。」

〔三〕師古曰：「汭在豳地。詩大雅公劉之篇曰『汭鞫之即』。」

〔四〕師古曰：「洛即漆、沮也，在馮翊。」

東北曰幽州：其山曰醫無閭，〔一〕藪曰貕養，〔二〕川曰河、泲，浸曰菑、時；〔三〕其利魚、鹽；民一男三女；畜宜四擾，〔四〕穀宜三種。〔五〕

〔一〕師古曰：「在遼東。」

〔二〕師古曰：「在長廣。」

〔三〕師古曰：「菑出萊蕪。時水出般陽。」

〔四〕師古曰：「馬、牛、羊、豕。」

〔五〕師古曰：「黍、稷、稻。」

河內曰冀州：其山曰霍，〔一〕藪曰揚紆，〔二〕川曰漳，濅曰汾、潞；〔三〕其利松、柏；民五男三女；畜宜牛、羊，穀宜黍、稷。

〔一〕師古曰：「在平陽永安縣東北。」

〔二〕師古曰：「爾雅曰『秦有揚紆』，而此以為冀州，未詳其義及所在。」

〔三〕師古曰：「漳水出上黨長子。汾水出汾陽北山。潞出歸德。」

正北曰并州：其山曰恆山，藪曰昭餘祁，〔一〕川曰虖池、嘔夷，𣻏曰淶、易；〔二〕其利布帛；民二男三女；畜宜五擾，〔三〕穀宜五種。

〔一〕師古曰：「在太原鄔縣。鄔音一戶反，又音於庶反。」

〔二〕師古曰：「虖池出鹵城。嘔夷出平舒。淶出廣昌。易出故安。虖音呼。池音徒河反。嘔音於侯反。」

〔三〕師古曰：「馬、牛、羊、犬、豕。」

而保章氏掌天文，以星土辯九州之地，所封封域皆有分星，以視吉凶。〔一〕

〔一〕師古曰：「保章氏，春官之屬也。保，守也，言守天文之職也。分音扶問反。」

周爵五等，而土三等：公、侯百里，伯七十里，子、男五十里。不滿爲附庸，蓋千八百國。而太昊、黃帝之後，唐、虞侯伯猶存，帝王圖籍相踵而可知。周室既衰，禮樂征伐自諸侯出，轉相吞滅，數百年間，列國秏盡。〔一〕至春秋時，尚有數十國，五伯迭興，總其盟會。〔二〕陵夷至於戰國，天下分而爲七，〔三〕合從連衡，經數十年。秦遂并兼四海。以爲周制微弱，終爲諸侯所喪，故不立尺土之封，分天下爲郡縣，盪滅前聖之苗裔，靡有孑遺者矣。

〔一〕師古曰：「秏，滅也，音呼到反。」

〔二〕師古曰：「此五伯謂齊桓、宋襄、晉文、秦穆、楚莊也。迭，互也。伯讀曰霸。迭音徒結反。」

〔三〕師古曰：「謂秦、韓、魏、趙、燕、齊、楚也。」

漢興，因秦制度，崇恩德，行簡易，以撫海內。至武帝攘卻胡、越，開地斥境，南置交阯，北置朔方之州，〔一〕兼徐、梁、幽、并夏、周之制，改雍曰涼，改梁曰益，凡十三（郡）〔部〕，置刺史。先王之迹既遠，地名又數改易，〔二〕是以采獲舊聞，考迹詩書，推表山川，以綴禹貢、周官、春秋，下及戰國、秦、漢焉。〔三〕

〔一〕師古曰：「胡廣記云，漢既定南越之地，置交阯刺史，別於諸州，令持節治蒼梧，分雍州置朔方刺史。」

〔二〕師古曰：「數音所角反。」

〔三〕師古曰：「中古以來，說地理者多矣，或解釋經典，或撰述方志，競爲新異，妄有穿鑿，安處互會，頗失其眞。後之學者，因而祖述，曾不考其謬論，莫能尋其根本。今並不錄，蓋無尤焉。」

京兆尹，故秦內史，高帝元年屬塞國，二年更爲渭南郡，九年罷，復爲內史。武帝建元六年分爲右內史，太初元年更爲京兆尹。元始二年戶十九萬五千七百二，口六十八萬二千四百六十八。〔一〕縣十二：長安，高帝五年置。惠帝元年初城，六年成。戶八萬八百，口二十四萬六千二百。王莽曰常安。〔二〕新豐，驪山在南，故驪戎國。秦曰驪邑。高祖七年置。〔三〕船司空，莽曰船利。〔四〕藍田，山出美玉，有虎候山祠，秦孝公置也。華陰，故陰晉，秦惠文王五年更名寧秦，高帝八年更名華陰。太華山在南，有祠，豫州山。集靈宮，武帝起。莽曰華壇也。鄭，周宣王弟鄭桓公邑。有鐵官。〔五〕湖，有周天子祠二所。故曰胡，武帝建元年更名湖。下邽，〔六〕南陵，文帝七年置。沂水出藍田谷，北至霸陵入霸水。霸水亦出藍田谷，北入渭。(師)古曰茲水，秦穆公更名以章霸功，視子孫。〔七〕奉明，宣帝置也。霸陵，故芷陽，文帝更名。莽曰水章也。杜陵，故杜伯國，宣帝更名。有周右將軍杜主祠四所。莽曰饒安也。

〔一〕師古曰：「漢之戶口當元始時最爲殷盛，故志舉之以爲數也。後皆類此。」

〔二〕師古曰：「王莽篡位，改漢郡縣名，普易之也。下皆類此。」

〔三〕應劭曰：「太上皇思東歸，於是高祖改築城寺街里以象豐，徙豐民以實之，故號新豐。」

〔四〕服虔曰：「縣名。」師古曰：「本主船之官，遂以爲縣。」

〔五〕應劭曰：「宣王母弟友所封也。其子與平王東遷，更稱新鄭。」臣瓚曰：「周自穆王以下都於西鄭，不得以封桓公也。初桓公爲周司徒，王室將亂，故謀於史伯而寄帑與賄於虢、會之間。幽王既敗，二年而滅會，四年而滅虢，居於鄭父之丘，是以爲鄭桓公，無封京兆之文也。」師古曰：「春秋外傳云：『幽王既敗，鄭桓公死之，其子武公與平王東遷。』故左氏傳云：『我周之東遷，晉、鄭焉依。』又鄭莊公云『我先君新邑於此』，蓋道新鄭也。穆王以下無都西鄭之事，瓚說非也。會音工外反。」

〔六〕應劭曰：「秦武公伐邽戎，置有上邽，故加下。」師古曰：「邽音圭，取邽戎之人而來爲此縣。」

〔七〕〔師古曰〕：「沂音先歷反。視讀曰示。」

左馮翊，故秦內史，高帝元年屬塞國，二年更名河上郡，九年罷，復爲內史。武帝建元六年分爲左內史，太初元年更名左馮翊。戶二十三萬五千一百一，口九十一萬七千八百二十二。縣二十四：高陵，左輔都尉治。莽曰千春。櫟陽，秦獻公自雍徙。莽曰師亭。〔一〕翟道，莽曰渙。池陽，惠帝四年置。巀嶭山在北。〔二〕夏陽，故少梁，秦惠文王十一年更名。禹貢梁山在西北，龍門山在北。有鐵官。莽曰冀亭。衙，莽曰達昌。〔三〕粟邑，莽曰粟城。谷口，九嵕山在西。有天齊公、五牀山、僊人、五帝祠四所。莽曰谷喙。〔四〕蓮勺，〔五〕鄜，莽曰脩令。〔六〕頻陽，秦厲公置。〔七〕臨晉，故大荔，秦獲之，更名。有河水祠。芮鄉，故芮國。莽曰監晉。〔八〕重泉，莽曰調泉。郃陽，〔九〕祋祤，景帝二年置。〔一〇〕武城，莽曰桓城。〔一一〕沈陽，莽曰制昌。褱德，禹貢北條荊山在南，下有彊梁原。洛水東南入渭，雍州寖。莽曰德驩。〔一二〕徵，莽曰氾愛。〔一三〕雲陵，昭帝置也。萬年，高帝置。莽曰異赤。〔一四〕長陵，高帝置。戶五萬五十七，口十七萬九千四百六十九。莽曰長平。陽陵，故弋陽，景帝更名。莽曰渭陽。雲陽。有休屠、金人及徑路神祠三所，越巫䣳𨛫祠三所。〔一五〕

〔一〕如淳曰：「櫟音藥。」

〔二〕應劭曰：「在池水之陽。」師古曰：「巀嶭，卽今俗所呼嵯峨山是也，音截嶭。音才葛反，又音五葛反。」

〔三〕如淳曰：「衙音牙。」師古曰：「卽春秋所云『秦晉戰于彭衙』。」

〔四〕師古曰：「嵕音子公反，又音子孔反。喙音許穢反。」

〔五〕如淳曰：「音輦酌。」

〔六〕孟康曰：「音敷。」

〔七〕應劭曰：「在頻水之陽。」

〔八〕應劭曰：「臨晉水，故曰臨晉。」臣瓚曰：「晉水在河之間，此縣在河之西，不得云臨晉水也。舊說曰，秦築高壘以臨晉國，故曰臨晉也。」師古曰：「瓚說是也。說者或以為魏文侯伐秦始置臨晉，非也。文侯重城之耳，豈始置乎！」

〔九〕應劭曰：「在郃水之陽也。」師古曰：「音合。即大雅大明之詩所謂『在洽之陽』。」

〔一〇〕師古曰：「祋音丁活反，又音丁外反。祤音詡。」

〔一一〕師古曰：「即左氏傳所云『(伐秦)〔秦伐〕晉取武城』者也。」

〔一二〕師古曰：「褱亦懷字。」

〔一三〕師古曰：「徵音懲，即今之澄城縣是也。左傳所云『取北徵』，謂此地耳，而杜元凱未詳其處也。」

〔一四〕師古曰：「三輔黃圖云太上皇葬櫟陽北原，起萬年陵是也。」

〔一五〕孟康曰：「䑩音辜磔之辜，越人祠也。𩰲音穰。休音許虯反。屠音除。」

右扶風，故秦內史，高帝元年屬雍國，二年更為中地郡。九年罷，復為內史。武帝建元六年分為右內史，太初元年更名主爵都尉為右扶風。〔一〕戶二十一萬六千三百七十七，口八十三萬六千七十。縣二十一：渭城，故咸陽，高帝元年更名新城，七年罷，屬長安。武帝元鼎三年更名渭城。有蘭池宮。莽曰京城。槐里，周曰犬丘，懿王都之。秦更名廢丘。高祖三年更名。有黃山宮，孝惠二年起。莽曰槐治。鄠，古國。有扈谷亭。扈，夏啓所伐。酆水出東南，又有潏水，皆北過上林苑入渭。有萯陽宮，秦文王起。〔二〕盩厔，有長楊宮，有射熊館，秦昭王起。靈軹渠，武帝穿也。斄，周后稷所封。〔三〕郁夷，詩「周道郁夷」。有汧水祠。莽曰郁平。〔四〕美陽，禹貢岐山在西北。中水鄉，周大王所邑。有高泉宮，秦宣太后起也。郿，成國渠首受渭，東北至上林入蒙籠渠。右輔都尉治。〔五〕雍，秦惠公都之。有五畤，太昊、黃帝以下祠三百三所。橐泉宮，孝公起。祈年宮，惠公起。棫陽宮，昭王起。有鐵官。〔六〕漆，水在縣西。有鐵官。莽曰漆治。栒邑，有豳鄉，詩豳國，公劉所都。〔七〕隃麋，有黃帝子祠。莽曰扶亭。〔八〕陳倉，有上公、明星、黃帝孫、舜妻（盲）〔育〕冢祠。有羽陽宮，秦武王起也。杜陽，杜水南入渭。〔詩曰「自杜」〕莽曰通杜。〔九〕汧，吳山在西，古文以爲汧山。雍州山。北有蒲谷鄉弦中谷，雍州弦蒲藪。汧水出西北，入渭。芮水出西北，東入涇。詩芮（院）〔阮〕，雍州川也。〔一〇〕好畤，垝山在東。有梁山宮，秦始皇起。莽曰好邑。〔一一〕虢，有黃帝子、周文武祠。虢宮，秦宣太后起也。安陵，惠帝置。莽曰嘉平。〔一二〕茂陵，武帝置。戶六萬一千八十七，口二十七萬七千二百七十七。莽曰宣城。〔一三〕平陵，昭帝置。莽曰廣利。武功，太壹山，古文以爲終南。垂山，古文以爲敦物。皆在縣東。斜水出衙領山北，至郿入渭。褒水亦出衙領，至南鄭入沔。有垂山、斜水、（淮）〔褒〕水祠三所。莽曰新光。〔一四〕

〔一〕師古曰：「主爵都尉，本秦之主爵中尉，掌列侯，至太初元年更名右扶風，而治於內史右地。故此志追書建元六年分爲右內史，又云更名主爵都尉爲右扶風。」

〔二〕師古曰：「潏音決。蓍音倍。」

〔三〕師古曰：「讀與部同，音(咍)〔胎〕。」

〔四〕師古曰：「小雅四牡之詩曰『四牡騑騑，周道倭遲』。韓詩作郁夷字，言使臣乘馬行於此道。」

〔五〕師古曰：「郿音媚。」

〔六〕應劭曰：「四面積高曰雍。」師古曰：「棫音域。」

〔七〕應劭曰：「左氏傳曰『畢、原、酆、郇，文之昭也』。郇侯、賈伯伐晉是也。」臣瓚曰：「汲郡古文『晉武公滅荀，以賜大夫原氏黯，是為荀叔』。又云『文公城荀』。然則荀當在晉之境內，不得在扶風界也。今河東有荀城，古荀國。」師古曰：「瓚說是也。此栒讀與荀同，自別邑耳，非伐晉者。」

〔八〕師古曰：「鄃音踰。」

〔九〕師古曰：「大雅緜之詩曰『人之初生，自土、漆、沮』，齊詩作『自杜』，言公劉避狄而來居杜與漆、沮之地。」

〔一〇〕師古曰：「(阸)〔阮〕讀與鞠同。大雅公劉之詩曰『止旅乃密，芮鞠之即』，韓詩作芮(阸)〔阮〕。言公劉止其軍旅，欲使安靜，乃就芮(阸)〔阮〕之間耳。」

〔一一〕師古曰：「垝音丘毀反。」

〔一二〕師古曰：「闞駰以為本周之程邑也。」

〔一三〕師古曰：「黃圖云本槐里之茂鄉。」

〔一四〕師古曰：「斜音弋奢反。衙音牙。」

弘農郡，武帝元鼎四年置。莽曰右隊。戶十一萬八千九十一，口四十七萬五千九百五十四。有鐵官，在黽池。縣十一：弘農，故秦函谷關。衙山領下谷，爗水所出，北入河。盧氏，熊耳山在東。伊水出，東北入雒，過郡一，行四百五十里。又有育水，南至順陽入沔。又有洱水，東南至魯陽，亦入沔。皆過郡二，行六百里。莽曰昌富。〔一〕陝，故虢國。有焦城，故焦國。北虢在大陽，東虢在滎陽，西虢在雍州。莽曰黃眉。宜陽，在黽池有鐵官也。黽池，高帝八年復黽池中鄉民。景帝中二年初城，徙萬家爲縣。穀水出穀陽谷，東北至穀城入雒。莽曰陝亭。〔二〕丹水，水出上雒冢領山，東至析入鈞。密陽鄉，故商密也。〔三〕新安，禹貢澗水在東，南入雒。商，秦相衞鞅邑也。析，黃水出黃谷，鞠水出析谷，俱東至酈入湍水。莽曰君亭。〔四〕陸渾，春秋遷陸渾戎於此。有關。〔五〕上雒，禹貢雒水出冢領山，東北至鞏入河，過郡二，行千七十里，豫州川。又有甲水，出秦領山，東南至錫入沔，過郡三，行五百七十里。熊耳獲輿山在東北。〔六〕

〔一〕師古曰：「洱音耳。」

〔二〕師古曰：「黽音莫踐反，又音莫忍反。」

〔三〕師古曰：「鈞亦水名也，音均。」

〔四〕師古曰：「析音先歷反。鞠水即今所謂菊潭也。酈音持益反。湍音專。」

〔五〕師古曰：「渾音胡昆反。」

〔六〕師古曰：「錫音陽。」

河東郡，秦置。莽曰兆陽。有根倉、溼倉。戶二十三萬六千八百九十六，口九十六萬二千九百一十二。縣二十四：安邑，巫咸山在南，鹽池在西南。魏絳自魏徙此，至惠王徙大梁。有鐵官、鹽官。莽曰河東。大陽，吳山在西，上有吳城，周武王封太伯後於此，是爲虞公，爲晉所滅。有天子廟。莽曰勤田。〔一〕猗氏，解，〔二〕蒲反，有堯山、首山祠。雷首山在南。故曰蒲，秦更名。莽曰蒲城。〔三〕河北，詩魏國，晉獻公滅之，以封大夫畢萬，曾孫絳徙安邑也。左邑，莽曰兆亭。汾陰，介山在南。聞喜，故曲沃。晉武公自晉陽徙此。武帝元鼎六年行過，更名。〔四〕濩澤，禹貢析城山在西南。〔五〕端氏，臨汾，垣，禹貢王屋山在東北，沇水所出，東南至武德入河，軼出滎陽北地中，又東至琅槐入海，過郡九，行千八百四十里。〔六〕皮氏，耿鄉，故耿國，晉獻公滅之，以賜大夫趙夙。後十世獻侯徙中牟。有鐵官。莽曰延平。長脩，平陽，韓武子玄孫貞子居此。有鐵官。莽曰香平。〔七〕襄陵，有班氏（香）〔鄉〕亭。莽曰幹昌。〔八〕彘，霍大山在東，冀州山，周厲王所奔。莽曰黃城。〔九〕楊，莽曰有年亭。〔一〇〕北屈，禹貢壺口山在東南。莽曰朕北。〔一一〕蒲子，〔一二〕絳，晉武公自曲沃徙此。有鐵官。〔一三〕狐讘，〔一四〕騏。侯國。〔一五〕

〔一〕應劭曰：「在大河之陽。」

〔二〕師古曰：「音蟹。」

〔三〕應劭曰：「秦始皇東巡見長坂，故加『反』云。」孟康曰：「本蒲也，晉文公以賂秦，後秦人還蒲，魏人喜曰『蒲反矣』。謂秦名之，非也。」臣瓚曰：「秦世家云『以垣爲蒲反』，然則本非蒲也。」師古曰：「應說是。」

〔四〕應劭曰：「今曲沃也。秦改爲左邑。武帝於此聞南越破，改曰聞喜。」

〔五〕應劭曰：「有瀀澤，在西北。」師古曰：「瀀音烏銚反。」

〔六〕師古曰：「琅音郎。槐音回。」

〔七〕應劭曰：「堯都也，在平河之陽。」

〔八〕應劭曰：「襄陵在西北。」師古曰：「晉襄公之陵，因以名縣。」

〔九〕應劭曰：「順帝改曰永安。」

〔一〇〕應劭曰：「楊侯國。」

〔一一〕應劭曰：「有南故稱北。」臣瓚曰：「汲郡古文『翟章救鄭，次于南屈』。」師古曰：「屈音居勿反。即晉公子夷吾所居。」

〔一二〕應劭曰：「故蒲反舊邑，武帝置。」師古曰：「重耳所居也。應說失之。」

〔一三〕應劭曰：「絳水出西南。」

〔一四〕師古曰：「讘音之涉反。」

〔一五〕師古曰：「音其。」

太原郡，秦置。有鹽官，在晉陽。屬幷州。戶十六萬九千八百六十三，口六十八萬四百八十八。有家馬官。〔一〕縣二十一：晉陽，故詩唐國，周成王滅唐，封弟叔虞。龍山在西北。有鹽官。晉水所出，東入汾。〔二〕葰人，〔三〕界休，莽曰界美。〔四〕榆次，涂水鄉，晉大夫知徐吾邑。梗陽鄉，魏戊邑。莽曰大原亭。〔五〕中都，于離，莽曰于合。茲氏，莽曰茲同。狼孟，莽曰狼調。鄔，九澤在北，是爲昭餘祁，幷州藪。晉大夫司馬彌牟邑。〔六〕盂，晉大夫孟丙邑。平陶，莽曰多穰。汾陽，北山，汾水所出，西南至汾陰入河，過郡二，行千三百四十里，冀州寖。京陵，莽曰致城。〔七〕陽曲，〔八〕大陵，有鐵官。莽曰大寧。原平，祁，晉大夫賈辛邑。莽曰示。上艾，緜曼水，東至蒲吾，入虖池水。〔九〕慮虒，〔一〇〕陽邑，莽曰繁穰。廣武。（河主）〔句注〕、賈屋山在北。都尉治。莽曰信桓。〔一一〕

〔一〕臣瓚曰：「漢有家馬廄，一廄萬匹，時以邊表有事，故分來在此。家馬後改曰挏馬也。」師古曰：「挏音動。」

〔二〕臣瓚曰：「所謂唐，今河東永安是也，去晉四百里。」師古曰：「瓚說是也。」

〔三〕如淳曰：「音璅。」師古曰：「又音山寡反。」

〔四〕師古曰：「休音許虯反。」

〔五〕師古曰：「涂音塗。梗音鯁。」

〔六〕師古曰：「音一戶反，又音於據反。」

〔七〕師古曰：「即九京。」

〔八〕應劭曰：「河千里一曲，當其陽，故曰陽曲也。」師古曰：「隋文帝自以姓楊，故惡陽曲之號，乃改其縣爲陽直。今則復舊名焉。」

〔九〕師古曰：「虖音呼。池音徒何反。」

〔一〇〕師古曰：「音廬夷。」

〔一一〕師古曰：「賈屋山，即史記所云『趙襄子北登夏屋』者。」

上黨郡，秦置，屬并州。有上黨關、壺口關、石研關、天井關。〔一〕戶七萬三千七百九十八，口三十三萬七千七百六十六。縣十四：長子，周史辛甲所封。鹿谷山，濁漳水所出，東至鄴入（青）〔清〕漳。〔二〕屯留，桑欽言「絳水出西南，東入海」。〔三〕余吾，銅鞮，有上虒亭，下虒聚。〔四〕沾，大黽谷，清漳水所出，東北至邑成入大河，過郡五，行千六百八十里，冀州川。〔五〕涅氏，涅水也。〔六〕襄垣，莽曰上黨亭。壺關，有羊腸阪。沾水東至朝歌入淇。〔七〕泫氏，楊谷，絕水所出，南至壄王入沁。〔八〕高都，莞谷，丹水所出，東南入泫水。有天井關。〔九〕潞，故潞子國。陭氏，〔一〇〕陽阿，穀遠。羊頭山世靡谷，沁水所出，東南至滎陽入河，過郡三，行九百七十里。莽曰穀近。〔一一〕

〔一〕師古曰：「研音形。」

〔二〕師古曰：「長讀曰長短之長，今俗為長幼之長，非也。」

〔三〕師古曰：「屯音純。」

〔四〕師古曰：「虒音斯。」

〔五〕應劭曰：「沾水出壺關。」師古曰：「沾音他兼反。」

〔六〕師古曰：「涅水出焉，故以名縣也。涅音乃結反。」

〔七〕應劭曰：「黎侯國也，今黎亭是。」

〔八〕應劭曰：「山海經泫水所出者也。」師古曰：「泫音工玄反。」

〔九〕師古曰：「莞音丸。」

〔10〕師古曰：「音於義反。」

〔11〕師古曰：「今沁水至懷州武陟縣界入河。此云至滎陽，疑傳寫錯誤。」

河內郡，高帝元年為殷國，二年更名。莽曰後隊，屬司隸。戶二十四萬一千二百四十六，口百六萬七千九十七。縣十八：懷，有工官。莽曰河內。汲，武德，〔一〕波，〔二〕山陽，東太行山在西北。〔三〕河陽，莽曰河亭。州，共，故國。北山，淇水所出，東至黎陽入河。〔四〕平皋，〔五〕朝歌，紂所都。周武王弟康叔所封，更名衞。莽曰雅歌。脩武，〔六〕溫，故國，己姓，蘇忿生所封也。壄王，太行山在西北。衞元君為秦所奪，自（僕）〔濮〕陽徙此。莽曰平壄。〔七〕獲嘉，故汲之新中鄉，武帝行過更名也。軹，〔八〕沁水，〔九〕隆慮，國水東北至信成入張甲河，過郡三，行千八百四十里。有鐵官。〔10〕蕩陰。蕩水東至內黃澤。西山，羑水所出，亦至內黃入蕩。有羑里城，西伯所拘也。〔11〕

〔一〕孟康曰：「始皇東巡置，自以武德定天下。」

〔二〕孟康曰：「今有絺城，晉文公所得賜者。」

〔三〕師古曰：「行音胡郎反。」

〔四〕孟康曰：「共伯入為三公者也。」師古曰：「共音恭。」

〔五〕應劭曰：「邢侯自襄國徙此。當齊桓公時，衞人伐邢，邢遷于夷儀，其地屬晉，號曰邢丘。以其在河之皋，處勢平夷，故曰平皋。」臣瓚曰：「春秋傳狄人伐邢，邢遷于夷儀，不至此也。今襄國西有夷儀城，去襄國百餘里。邢是丘名，非國也。」師古曰：「應說非也。左氏傳曰『晉侯送女於邢丘』，蓋謂此耳。」

〔六〕應劭曰：「晉始啓南陽，今南陽城是也，秦改曰脩武。」臣瓚曰：「韓非書『秦昭王越趙長平西伐脩武』，時秦未兼天下，脩武之名久矣。」師古曰：「瓚說是也。」

〔七〕孟康曰：「故邘國也，今邘亭是也。」師古曰：「行音胡郎反。」

〔八〕孟康曰：「原鄉，晉文公所圍是也。」師古曰：「音只。」

〔九〕師古曰：「沁音千浸反。」

〔一○〕應劭曰：「隆慮山在北，避殤帝名改曰林慮也。」師古曰：「慮音廬。」

〔一一〕師古曰：「蕩音湯。羑音羊九反。」

河南郡，故秦三川郡，高帝更名。雒陽戶五萬二千八百三十九。莽曰保忠信鄉，屬司隸也。戶二十七萬六千四百四十四，口一百七十四萬二百七十九。有鐵官、工官。敖倉在滎陽。縣二十二：雒陽，周公遷殷民，是爲成周。春秋昭公（二）〔三〕十（一）〔二〕年，晉合諸侯于狄泉，以其地大成周之城，居敬王。莽曰宜陽。〔一〕滎陽，卞水、馮池皆在西南。有狼湯渠，首受泲，東南至陳入潁，過郡四，行七百八十里。〔二〕偃師，尸鄉，殷湯所都。莽曰師成。〔三〕京，〔四〕平陰，〔五〕中牟，圃田澤在西，豫州藪。有筦叔邑，趙獻侯自耿徙此。〔六〕平，莽曰治平。陽武，有博狼沙。莽曰陽桓。〔七〕河南，故郟鄏地。周武王遷九鼎，周公致太平，營以爲都，是爲王城，至平王居之。〔八〕緱氏，劉聚，周大夫劉子邑。有延壽城仙人祠。莽曰中亭。〔九〕卷，〔一○〕原武，莽曰原桓。鞏，東周所居。穀成，禹貢瀍水出朁亭北，東南入雒。〔一〕故市，密，故國。有大騩山，潩水所出，南至臨潁入潁。〔二〕新成，惠帝四年置。蠻中，故戎蠻子國。開封，逢池在東北，或曰宋之逢澤也。〔三〕成皋，故虎牢。或曰制。〔四〕苑陵，莽曰左亭。梁，慁狐聚，秦滅西周徙其君於此。陽人聚，秦滅東周徙其君於此。〔五〕新鄭。詩鄭國，鄭桓公之子武公所國，後為韓所滅，韓自平陽徙都之。〔六〕

〔一〕師古曰：「魚豢云漢火行忌水，故去『洛』『水』而加『隹』。如魚氏說，則光武以後改為『雒』字也。」

〔二〕應劭曰：「故虢國，今虢亭是也。」師古曰：「狼音浪。湯音宕。泲音子禮反，本濟水字。」

〔三〕臣瓚曰：「湯居亳，今濟陰縣是也。今亳有湯冢，己氏有伊尹冢，皆相近也。」師古曰：「瓚說非也。又如皇甫謐所云湯都在穀孰，事並不經。劉向云『湯無葬處』，安得湯冢乎！」

〔四〕師古曰：「即鄭共叔段所居也。」

〔五〕應劭曰：「在平城南，故曰平陰。」

〔六〕師古曰：「鞏與管同。」

〔七〕師古曰：「狼音浪。」

〔八〕師古曰：「郟音夾。鄏音辱。」

〔九〕師古曰：「緱音工侯反。」

〔一〇〕師古曰：「音去權反。」

〔一一〕師古曰：「即今新安。朁音潛。」

〔二〕應劭曰：「『密人不恭』，密須氏姞姓之國也。」臣瓚曰：「密，姬姓之國也，見世本。密須，今安定陰密是也。」師古曰：「應、瓚二說皆非也。此密卽春秋僖六年『圍新密』者也，蓋鄭地。而詩所云『密人』，卽左傳所謂『密須之鼓』者也，在安定陰密。鶉音隗。潩音翼，又音昌力反。」

〔三〕臣瓚曰：「汲郡古文梁惠王發逢忌之藪以賜民，今浚儀有逢陂忌澤是也。」

〔四〕師古曰：「穆天子傳云『七萃之士生捕獸，卽獻天子，天子畜之東虢，號曰獸牢』。」

〔五〕應劭曰：「左傳曰秦取梁。梁，伯翳之後，與秦同祖。」臣瓚曰：「秦取梁，後改曰夏陽，今馮翊夏陽是也。此梁，周之小邑，見於春秋。」師古曰：「瓚說是也。[illegible]音乃且反。」

〔六〕應劭曰：「國語曰，鄭桓公爲周司徒，王室將亂，寄帑與賄於虢、會之閒。幽王敗，威公死之，其子武公與平王東還洛邑，遂伐虢、會而并其地，而邑於此。」

東郡，秦置。莽曰治亭。屬兗州。戶四十萬一千二百九十七，口百六十五萬九千二十八。縣二十二：濮陽，衞成公自楚丘徙此。故帝丘，顓頊虛。莽曰治亭。〔一〕（畔）觀，莽曰觀治。〔二〕聊城，頓丘，莽曰順丘。〔三〕發干，莽曰戢楯。范，莽曰建睦。茌平，莽曰功崇。〔四〕東武陽，禹治漯水，東北至千乘入海，過郡三，行千二十里。莽曰武昌。〔五〕博平，莽曰加睦。黎，莽曰黎治。〔六〕清，莽曰清治。〔七〕東阿，都尉治。〔八〕離狐，莽曰瑞狐。臨邑，有（涑）〔泲〕廟。莽曰穀城亭。〔九〕利苗，須昌，故須句國，大昊後，風姓。〔一〇〕壽良，蚩尤祠在西北（涑）〔泲〕上。有朐城。〔一一〕樂昌，陽平，白馬，南燕，南燕國，姞姓，黃帝後。〔一二〕廩丘。

〔一〕應劭曰：「濮水南入鉅野。」師古曰：「虛讀曰墟。」

〔二〕應劭曰：「夏有觀扈，世祖更名衞國，以封周後。」師古曰：「觀音工喚反。」

〔三〕師古曰：「以丘名縣也。丘一成爲頓丘，謂一（成）〔頓〕而成也。或曰，成，重也，一重之丘也。」

〔四〕應劭曰：「在茬山之平地者也。」師古曰：「音仕疑反。」

〔五〕應劭曰：「武水之陽也。」師古曰：「漯音它合反。」

〔六〕孟康曰：「詩黎侯國，今黎陽也。」臣瓚曰：「黎陽在魏郡，非黎縣也。」師古曰：「瓚說是。」

〔七〕應劭曰：「章帝更名樂平。」

〔八〕應劭曰：「衞邑也。有西故稱東。」

〔九〕師古曰：「（涑）〔泲〕亦濟水字也。其後並同。」

〔一〇〕師古曰：「句音劬。」

〔一一〕應劭曰：「世祖（父叔）〔叔父〕名良，故曰壽張。」

〔一二〕師古曰：「姞音其乙反。」

陳留郡，武帝元狩元年置。屬兗州。戶二十九萬六千二百八十四，口一百五十萬九千五十。縣十七：陳留，魯渠水首受狼湯渠，東至陽夏，入渦渠。〔一〕小黃，成安，寧陵，莽曰康善。〔二〕雍丘，故杞國也，周武王封禹後東樓公。先春秋時徙魯東北，二十一世簡公爲楚所滅。酸棗，東昏，莽曰東明。襄邑，有服官。莽曰襄平。〔三〕外黃，都尉治。〔四〕封丘，濮渠水首受（涑）〔泲〕，東北至都關，入羊里水，過郡三，行六百三十里。〔五〕長羅，侯國。莽曰惠澤。尉氏，〔六〕傿，莽曰順通。〔七〕長垣，莽曰長固。〔八〕平丘，濟陽，莽曰濟前。浚儀。故大梁。魏惠王自安邑徙此。睢水首受狼湯水，東至取慮入泗，過郡四，行千三百六十里。〔九〕

〔一〕孟康曰：「留，鄭邑也，後爲陳所并，故曰陳留。」臣瓚曰：「宋亦有留，彭城留是也。留屬陳，故稱陳留也。」師古曰「瓚說是也。渦音戈。」

〔二〕孟康曰：「故葛伯國，今葛鄉是。」

〔三〕應劭曰：「春秋傳曰『師于襄牛』是也。」師古曰：「圈稱云襄邑宋地，本承匡襄陵鄉也。宋襄公所葬，故曰襄陵。秦始皇以承匡卑溼，故徙縣於襄陵，謂之襄邑，縣西三十里有承匡城。然則應說以爲襄牛，誤也。」

〔四〕張晏曰：「魏郡有內黃，故加外。」臣瓚曰：「縣有黃溝，故氏之也。」師古曰：「左氏傳云『惠公敗宋師于黃』，杜預以爲外黃縣東有黃城，即此地也。」

〔五〕孟康曰：「春秋傳『敗狄于長丘』，今翟溝是。」

〔六〕應劭曰：「古獄官曰尉氏，鄭之別獄也。」臣瓚曰：「鄭大夫尉氏之邑，故遂以爲邑。」師古曰：「鄭大夫尉氏亦以掌獄之官故爲族耳。應說是也。」

〔七〕應劭曰：「鄭伯克段于鄢是也。」師古曰：「鄢音偃。」

〔八〕孟康曰：「春秋會于匡，今匡城是。」

〔九〕應劭曰：「魏惠王自安邑徙此，號曰梁。」師古曰：「取慮，縣名也，音秋廬。取又音趨。」

潁川郡，秦置。高帝五年為韓國，六年復故。莽曰左隊。陽翟有工官。屬豫州。〔一〕戶四十三萬二千四百九十一，口二百二十一萬九百七十三。縣二十：陽翟，夏禹國。周末，韓景侯自新鄭徙此。戶四萬一千六百五十，口十萬九千。莽曰潁川。〔二〕昆陽，〔三〕潁陽，〔四〕定陵，有東不羹。莽曰定城。〔五〕長社，〔六〕新汲，〔七〕襄城，有西不羹。莽曰相城。郾，〔八〕郟，〔九〕舞陽，〔一〇〕潁陰，崈高，武帝置，以奉太室山，是為中岳。有太室、少室山廟。古文以崈高為外方山也。〔一一〕許，故國，姜姓，四岳後，太叔所封，二十四世為楚所滅。傿陵，戶四萬九千一百一，口二十六萬一千四百一十八。莽曰左亭。〔一二〕臨潁，莽曰監潁。父城，應鄉，故國，周武王弟所封。〔一三〕成安，侯國也。周承休，侯國，元帝置，元始二年更名鄭公。莽曰嘉美。〔一四〕陽城，陽城山，洧水所出，東南至長平入潁，過郡三，行五百里。陽乾山，潁水所出，東至下蔡入淮，過郡三，行千五百里，荊州寖。有鐵官。〔一五〕綸氏。

〔一〕孟康曰：「夏啓有鈞臺之饗，今鈞臺在南。」

〔二〕應劭曰：「夏禹都也。」臣瓚曰：「世本禹都陽城，汲郡古文亦云居之，不居陽翟也。」師古曰：「陽翟本禹所受封耳。應、瓚之說皆非。」

〔三〕應劭曰：「昆水出南陽。」

〔四〕應劭曰：「潁水出陽城。」

〔五〕師古曰：「羹音郎。其後亦同。」

〔六〕應劭曰：「宋人圍長葛是也。其社中樹暴長，更名長社。」師古曰：「長讀如本字。」

〔七〕師古曰：「闞駰云本汲鄉也，宣帝神爵三年置。以河內有汲，故加新也。」

〔八〕師古曰：「音一戰反。」

〔九〕師古曰：「音夾。」

〔一〇〕應劭曰：「舞水出南。」

〔一一〕師古曰：「嵩，古崇字。」

〔一二〕李奇曰：「六國爲安陵。」師古曰：「傿音偃。」

〔一三〕應劭曰：「韓詩外傳周成王與弟戲，以桐葉爲圭，『吾以此封汝。』周公曰：『天子無戲言。』王應時而封，故曰應侯鄉，是也。」臣瓚曰：「呂氏春秋曰成王以戲授桐葉爲圭以封叔虞，非應侯也。汲郡古文殷時已自有國，非成王之所造也。」師古曰：「武王之弟自封應國，非桐圭之事也。應氏之說蓋失之焉。又據左氏傳云『邘、晉、應、韓，武之穆也』，是則應侯武王之子，又與志說不同。」

〔一四〕〔師古曰〕：「休音許虯反。」

〔一五〕師古曰：「乾音干。洧音于軌反。」

汝南郡，高帝置。莽曰汝汾。分爲賞都尉。屬豫州。戶四十六萬一千五百八十七，口二百五十九萬六千一百四十八。縣三十七：平輿，〔一〕陽安，〔二〕陽城，侯國。莽曰新安。㶏強，〔三〕富波，女陽，〔四〕鮦陽，〔五〕吳房，〔六〕安成，侯國。莽曰至成。南頓，故頓子國，姬姓。〔七〕朗陵，〔八〕細陽，莽曰樂慶。〔九〕宜春，侯國。莽曰宣孱。女陰，故胡國。都尉治。莽曰汝墳。新蔡，蔡平侯自蔡徙此，後二世徙下蔡。莽曰新遷。新息，莽曰新德。〔一〇〕灈陽，〔一一〕期思，〔一二〕愼陽，〔一三〕愼，莽曰愼治。召陵，〔一四〕弋陽，侯國。〔一五〕西平，有鐵官。莽曰新亭。〔一六〕上蔡，故蔡國，周武王弟叔度所封。度放，成王封其子胡，十八世徙新蔡。濦彊，莽曰閏治。〔一七〕西華，莽曰華望。長平，莽曰長正。宜祿，莽曰賞都亭。項，故國。新郪，莽曰新延。〔一八〕歸德，侯國。宣帝置。莽曰歸惠。新陽，莽曰新明。〔一九〕安昌，侯國。莽曰始成。安陽，侯國。莽曰均夏。〔二〇〕博陽，侯國。莽曰樂家。成陽，侯國。莽曰新利。定陵。高陵山，汝水出，東南至新蔡入淮，過郡四，行千三百四十里。

〔一〕應劭曰：「故沈子國。今沈亭是也。」輿音豫。

〔二〕應劭曰：「道國也。今道亭是。」

〔三〕應劭曰：「濦水出潁川陽城。」師古曰：「濦音於謹反，又音殷。」

〔四〕應劭曰：「汝水出弘農，入淮。」師古曰：「女讀曰汝。其下汝陰亦同。」

〔五〕應劭曰：「在鮦水之陽也。」孟康曰：「鮦音紂。」

〔六〕孟康曰：「本房子國。楚靈王遷房於楚。吳王闔閭弟夫槩奔楚，楚封於此，爲堂谿氏。以封吳，故曰吳房，今吳房城堂谿亭是。」

〔七〕應劭曰：「頓迫於陳，其後南徙，故號南頓，故城尚在。」

〔八〕應劭曰：「朗陵山在西南。」

〔九〕師古曰：「居細水之陽，故曰細陽。細水本出新郪。郪音千私反。」

〔一〇〕孟康曰：「故息國，其後徙東，故加新云。」

〔一一〕應劭曰：「灈水出吳房，東入瀙也。」師古曰：「灈音劬。瀙音楚人反，又音楚刃反。」

〔一二〕師古曰：「故蔣國。」

〔一三〕應劭曰：「慎水出東北，入淮。」師古曰：「慎字本作滇，音眞，後誤爲慎耳。今猶有眞丘、眞陽縣，字並單作眞，知其音不改也。闞駰云永平五年失印更刻，遂誤以『水』爲『心』。」

〔一四〕師古曰：「即桓公伐楚次於召陵者也。召讀曰邵。」

〔一五〕應劭曰：「弋山在西北。故黃國，今黃城是。」

〔一六〕應劭曰：「故柏子國也，今柏亭是。」

〔一七〕應劭曰：「孫叔敖子所邑之寢丘是也。世祖更名固始。」師古曰：「寢音子衽反。」

〔一八〕應劭曰：「秦伐魏，取郪丘。漢興爲新郪。章帝封殷後，更名宋。」臣瓚曰：「光武既封殷後於宋，又封新郪。」師古曰：「封於新郪，號爲宋國耳。瓚說非。」

〔一九〕應劭曰：「在新水之陽。」

〔二〇〕應劭曰：「故江國，今江亭是。」

南陽郡，秦置。莽曰前隊。屬荆州。戶三十五萬九千(一)〔三〕百一十六，口一百九十四萬二千五十一。縣三十六：宛，故申伯國。有屈申城。縣南有北筮山。戶四萬七千五百四十七。有工官、鐵官。莽曰南陽。犨，〔一〕杜衍，莽曰閏衍。酇，侯國。莽曰南庚。〔二〕育陽，有南筮聚，在東北。〔三〕博山，侯國。哀帝置。故順陽。〔四〕涅陽，莽曰前亭。〔五〕陰，〔六〕堵陽，莽曰陽城。〔七〕雉，衡山，澧水所出，東至郾入汝。〔八〕山都，蔡陽，莽之母功顯君邑。〔九〕新野，筑陽，故穀伯國。莽曰宜禾。〔一〇〕棘陽，〔一一〕武當，舞陰，中陰山，瀙水所出，東至蔡入汝。西鄂，〔一二〕穰，莽曰農穰。〔一三〕酈，育水出西北，南入漢。〔一四〕安衆，侯國。故宛西鄉。冠軍，武帝置。故穰盧陽鄉、宛臨駣聚。〔一五〕比陽，〔一六〕平氏，禹貢桐柏大復山在東南，淮水所出，東南至淮（陵）〔浦〕入海，過郡四，行三千二百四十里，青州川。莽曰平善。隨，故國。厲鄉，故厲國也。〔一七〕葉，楚葉公邑。有長城，號曰方城。〔一八〕鄧，故國。都尉治。〔一九〕朝陽，莽曰厲信。〔二〇〕魯陽，有魯山。古魯縣，御龍氏所遷。魯山，滍水所出，東北至定陵入汝。又有昆水，東南至定陵入汝。〔二一〕舂陵，侯國。故蔡陽白水鄉。上唐鄉，故唐國。〔二二〕新都，侯國。莽曰新林。湖陽，故廖國也。〔二三〕紅陽，侯國。莽曰紅俞。〔二四〕樂成，侯國。博望，侯國。莽曰宜樂。復陽，侯國。故湖陽樂鄉。〔二五〕

〔一〕師古曰：「音昌牛反。」

〔二〕孟康曰：「音讚。」師古曰：「即蕭何所封。」

〔三〕應劭曰：「育水出弘農盧氏，南入于沔。」

〔四〕應劭曰：「漢明帝改曰順陽，在順水之陽也。」師古曰：「順陽，舊名。應說非。」

〔五〕應劭曰：「在涅水之陽。」師古曰：「涅音乃結反。」

〔六〕師古曰：「即春秋左氏傳所云遷陰於下陰者也，與酇相近。今襄州有陰城縣，縣有酇城鄉。」

〔七〕韋昭曰：「堵音者。」

〔八〕師古曰：「舊讀雉音弋爾反。而太康地志云即陳倉人所逐二童子名寶雞者，雄止陳倉為石，雌止此縣，故名雉縣，疑不可據也。郾音屋。」

〔九〕應劭曰：「蔡水所出，東入淮。」

〔一〇〕應劭曰：「筑水出漢中房陵，東入沔。」師古曰：「春秋云『穀伯綏來朝』是也。今襄州有穀城縣，在筑水之陽。筑音逐。」

〔一一〕應劭曰：「在棘水之陽。」

〔一二〕應劭曰：「江夏有鄂，故加西云。」

〔一三〕師古曰：「今鄧州穰縣是也。音人羊反。」

〔一四〕如淳曰：「酈音蹢躅之蹢。」

〔一五〕應劭曰：「武帝以封霍去病。去病仍出匈奴，功冠諸軍，故曰冠軍。駣音桃。」

〔一六〕應劭曰：「比水所出，東入蔡。」

〔一七〕師古曰：「厲讀曰賴。」

〔一八〕師古曰：「音式涉反。」

〔一九〕應劭曰：「鄧侯國。」

〔二〇〕應劭曰：「在朝水之陽。」

〔二一〕師古曰：「即淮南所云魯陽公與韓戰日反三舍者也。澨音峙，又音雉。」

〔二二〕師古曰：「漢記云元朔五年以零陵泠道之舂陵鄉封長沙王子買爲舂陵侯。至戴侯仁，以舂陵地形下溼，上書徙南陽。元帝許之，以蔡陽白水鄉徙仁爲舂陵侯。」

〔二三〕師古曰：「廖音力救反。左氏傳作飂字，其音同耳。」

〔二四〕師古曰：「俞音踰。」

〔二五〕應劭曰：「在桐柏下復山之陽。」師古曰：「復音房目反。」

南郡，秦置，高帝元年更爲臨江郡，五年復故。景帝二年復爲臨江，中二年復故。莽曰南順。屬荊州。戶十二萬五千五百七十九，口七十一萬八千五百四十。有發弩官。〔一〕縣十八：江陵，故楚郢都，楚文王自丹陽徙此。後九世平王城之。後十世秦拔我郢，徙(東)〔陳〕。莽曰江陸。臨沮，禹貢南條荊山在東北，漳水所出，東至江陵入陽水，陽水入沔，行六百里。〔二〕夷陵，都尉治。莽曰居利。〔三〕華容，雲夢澤在南，荊州藪。夏水首受江，東入沔，行五百里。〔四〕宜城，故鄢，惠帝三年更名。郢，楚別邑，故郢。莽曰郢亭。邔，〔五〕當陽，中廬，〔六〕枝江，故羅國。江沱出西，東入江。〔七〕襄陽，莽曰相陽。〔八〕編，有雲夢官。莽曰南順。〔九〕秭歸，歸鄉，故歸國。〔一〇〕夷道，莽曰江南。〔一一〕州陵，莽曰江夏。若，楚昭王畏吳，自郢徙此，後復還郢。〔一二〕巫，夷水東至夷道入江，過郡二，行五百四十里。有鹽官。〔一三〕高成。洈山，洈水所出，東入繇。繇水南至華容入江，過郡二，行五百里。莽曰言程。〔一四〕

〔一〕師古曰：「主教放弩也。」

〔二〕應劭曰：「沮水出漢中房陵，東入江。」師古曰：「沮水即左傳所云『江、漢、沮、漳，楚之望也』。音千余反。」

〔三〕應劭曰：「夷山在西北。」

〔四〕應劭曰：「春秋『許遷于容城』是。」

〔五〕孟康曰：「音忌。」師古曰：「音其巳反。」

〔六〕師古曰：「在襄陽縣南。今猶有次廬村。以隋室諱忠，故改忠爲次。」

〔七〕師古曰：「沱即江別出者也，音徒何反。」

〔八〕應劭曰：「在襄水之陽。」

〔九〕孟康曰：「編音鞭。」

〔一〇〕孟康曰：「秭音姊。」

〔一一〕應劭曰：「夷水出巫，東入江。」

〔一二〕師古曰：「春秋傳作鄀，其音同。」

〔一三〕應劭曰：「巫山在西南。」

〔一四〕師古曰：「洈音危。繇讀曰由。」

江夏郡，高帝置。屬荊州。〔一〕戶五萬六千八百四十四，口二十一萬九千二百一十八。縣十四：西陵，有雲夢官。莽曰江陽。竟陵，章山在東北，古文以爲內方山。鄖鄉，楚鄖公邑。莽曰守平。〔二〕西陽，襄，莽曰襄非。邾，衡山王吳芮都。〔三〕軑，故弦子國。〔四〕鄳，〔五〕安陸，橫尾山在東北，古文以爲陪尾山。沙羨，〔六〕蘄春，〔七〕鄳，〔八〕雲杜，〔九〕下雉，莽曰閏光。〔一〇〕鍾武。侯國。莽曰當利。

〔一〕應劭曰：「沔水自江別至南郡華容爲夏水，過郡入江，故曰江夏。」

〔二〕師古曰：「音云。」

〔三〕師古曰：「音朱，又音誅。」

〔四〕孟康曰：「音汏。」師古曰：「又音徒系反。」

〔五〕師古曰：「音五各反。」

〔六〕晉灼曰：「羨音夷。」

〔七〕晉灼曰：「音祈。」

〔八〕蘇林曰：「音盲。」師古曰：「音萌，又音莫耿反。」

〔九〕應劭曰：「左傳『若敖取于邔』，今邔亭是也。」師古曰：「邔音云。」

〔一〇〕如淳曰：「音羊氏反。」

廬江郡，故淮南，文帝十六年別爲國。金蘭西北有東陵鄉，淮水出。屬揚州。廬江出陵陽東南，北入江。〔一〕戶十二萬四千三百八十三，口四十五萬七千三百三十三。有樓船官。縣十二：舒，故國。莽曰昆鄉。居巢，〔二〕龍舒，〔三〕臨湖，雩婁，決水北至蓼入淮，又有灌水，亦北至蓼入決，過郡二，行五百一十里。〔四〕襄安，莽曰廬江亭也。樅陽，〔五〕尋陽，禹貢九江在南，皆東合爲大江。灊，天柱山在南。有祠。沘山，沘水所出，北至壽春入芍陂。〔六〕睆，有鐵官。〔七〕湖陵邑，北湖在南。松茲，侯國。莽曰誦善。

〔一〕應劭曰：「故廬子國。」

〔二〕應劭曰：「春秋『楚人圍巢』。巢，國也。」

〔三〕應劭曰：「羣舒之邑。」

〔四〕師古曰：「雩音許于反。婁音力于反。」

〔五〕師古曰：「音七容反。」

〔六〕晉灼曰：「音潛。」師古曰：「沘音比，又音布几反。芍音酌，又音鵲。」

〔七〕師古曰：「音胡管反。」

九江郡，秦置，高帝四年更名爲淮南國，武帝元狩元年復故。莽曰延平。屬揚州。〔一〕戶十五萬五十二，口七十八萬五百二十五。有陂官、湖官。縣十五：壽春邑，楚考烈王自陳徙此。浚遒，〔二〕成德，莽曰平阿。橐皋，〔三〕陰陵，莽曰陰陸。歷陽，都尉治。莽曰明義。當塗，侯國。莽曰山聚。〔四〕鍾離，莽曰蠶富。〔五〕合肥，〔六〕東城，莽曰武城。博鄉，侯國。莽曰揚陸。曲陽，侯國。莽曰延平亭。〔七〕建陽，全椒，阜陵。莽曰阜陸。

〔一〕應劭曰：「江自廬江尋陽分爲九。」

〔二〕晉灼曰：「音酋熱之酋。」師古曰：「浚音峻。遒音才由反。」

〔三〕孟康曰：「音拓姑。」

〔四〕應劭曰：「禹所娶塗山侯國也。有禹虛。」

〔五〕應劭曰：「鍾離子國。」

〔六〕應劭曰：「夏水出父城東南，至此與淮合，故曰合肥。」

〔七〕應劭曰：「在淮曲之陽。」

山陽郡，故梁。景帝中六年別為山陽國。武帝建元五年別為郡。莽曰鉅野。屬兗州。戶十七萬二千八百四十七，口八十萬一千二百八十八。有鐵官。縣二十三：昌邑，武帝天漢四年更山陽為昌邑國。有梁丘鄉。春秋傳曰「宋、齊會于梁丘」。南平陽，莽曰黽平。〔一〕成武，有楚丘亭。齊桓公所城，遷衞文公於此。子成公徙濮陽。莽曰成安。湖陵，禹貢「浮于泗、淮，通于河」，水在南。莽曰湖陸。〔二〕東緡，〔三〕方與，〔四〕橐，莽曰高平。〔五〕鉅野，大壄澤在北，兗州藪。單父，都尉治。莽曰利父。〔六〕薄，〔七〕都關，城都，侯國。莽曰城穀。黃，侯國。爰戚，侯國。莽曰戚亭。郜成，侯國。莽曰告成。中鄉，侯國。平樂，侯國。(淮)〔包〕水東北至(沛)〔沛〕入泗。鄭，侯國。瑕丘，〔八〕甾鄉，侯國。〔九〕栗鄉，侯國。莽曰足亭。曲鄉，侯國。西陽。侯國。

〔一〕孟康曰：「邾庶期以漆來奔，又城漆，今漆鄉是。」

〔二〕應劭曰：「尚書一名湖。章帝封東平王倉子為湖陵侯，更名湖陵。」

〔三〕師古曰：「春秋僖二十三年『齊侯伐宋圍緡』，即謂此。音旻。」

〔四〕晉灼曰：「音房豫。」

〔五〕臣瓚曰：「音拓。」

〔六〕師古曰：「音善甫。」

〔七〕臣瓚曰：「湯所都。」

〔八〕應劭曰：「瑕丘在西南。」

〔九〕師古曰：「音側其反。」

濟陰郡，故梁。景帝中六年別爲濟陰國。宣帝甘露二年更名定陶。禹貢荷澤在定陶東。屬兗州。〔一〕戶二十九萬二（千）〔十〕五，口百三十八萬六千二百七十八。縣九：定陶，故曹國，周武王弟叔振鐸所封。禹貢陶丘在西南。陶丘亭。冤句，莽改定陶曰濟平，冤句縣曰濟平亭。〔二〕呂都，莽曰祈都。葭密，〔三〕成陽，有堯（家）〔冢〕靈臺。禹貢雷澤在西北。鄄城，莽曰鄄良。〔四〕句陽，〔五〕秺，莽曰萬歲。〔六〕乘氏。泗水東南至睢陵入淮，過郡六，行千一百一十里。〔七〕

〔一〕師古曰：「荷音柯。」

〔二〕師古曰：「句音劬。」

〔三〕師古曰：「葭音家。」

〔四〕師古曰：「鄄音工掾反。」

〔五〕應劭曰：「左氏傳『句瀆之丘』也。」師古曰：「音鉤。」

〔六〕孟康曰：「音妒。」
〔七〕應劭曰：「春秋『敗宋師于乘丘』是也。」師古曰：「睢音雖。」

沛郡，故秦泗水郡。高帝更名。莽曰吾符。屬豫州。戶四十萬九千七十九，口二百三萬四百八十。縣三十七：相，莽曰吾符亭。龍亢，〔一〕竹，莽曰篤亭。〔二〕穀陽，〔三〕蕭，故蕭叔國，宋別封附庸也。向，故國。春秋曰「莒人入向」。姜姓，炎帝後。〔四〕銍，〔五〕廣戚，侯國。莽曰力聚。下蔡，故州來國，為楚所滅，後吳取之，至夫差遷昭侯於此。後四世侯齊竟為楚所滅。豐，莽曰吾豐。鄲，莽曰單城。〔六〕譙，莽曰延成亭。蘄，甀鄉。高祖破黥布。都尉治。莽曰蘄城。〔七〕虹，莽曰貢。〔八〕輒與，莽曰華樂。山桑，公丘，侯國。故滕國，周懿王子錯叔繡所封，三十一世為齊所滅。〔九〕符離，莽曰符合。敬丘，侯國。〔一〇〕夏丘，莽曰歸思。洨，侯國。垓下，高祖破項羽。莽曰(有)〔育〕成。〔一一〕沛，有鐵官。芒，莽曰博治。〔一二〕建成，侯國。城父，夏肥水東南至下蔡入淮，過郡二，行六百二十里。莽曰思善。建平，侯國。莽曰田平。酇，莽曰贊治。〔一三〕栗，侯國。莽曰成富。扶陽，侯國。莽曰合治。高，侯國。高柴，侯國。漂陽，〔一四〕平阿，侯國。莽曰平寧。東鄉，臨都，義成，祁鄉。侯國。莽曰會穀。

〔一〕晉灼曰：「亢音岡。」
〔二〕李奇曰：「今竹邑。」
〔三〕應劭曰：「在穀水之陽。」

〔四〕師古曰：「音餉。」

〔五〕師古曰：「銍音竹乙反。」

〔六〕孟康曰：「音多。」

〔七〕師古曰：「甀音直恚反。」

〔八〕師古曰：「虹亦音貢。」

〔九〕師古曰：「左氏傳云『郜、雍、曹、滕，文之昭也』，系本亦云『錯叔繡，文王子』，而此志云懿王子，未詳其義耳。」

〔一〇〕應劭曰：「春秋『遇於犬丘』，明帝更名（犬）〔大〕丘。」

〔一一〕應劭曰：「洨水所出，南入淮。」師古曰：「洨音肴。」

〔一二〕應劭曰：「世祖更名臨睢。睢水出焉。」師古曰：「芒音莫郎反。睢音雖。」

〔一三〕應劭曰：「音嵯。」師古曰：「此縣本爲鄺，應音是也。中古以來借酇字爲之耳，讀皆爲鄺，而莽呼爲贊治，則此縣亦有贊音。」

〔一四〕如淳曰：「漂音票。」

魏郡，高帝置。莽曰魏城。屬冀州。戶二十一萬二千八百四十九，口九十萬九千六百五十五。縣十八：鄴，故大河在東北入海。館陶，河水別出爲屯氏河，東北至章武入海，過郡四，行千五百里。斥丘，莽曰利丘。〔一〕沙，內黃，清河水出南。〔二〕清淵，〔三〕魏，都尉治。莽曰魏城亭。〔四〕繁陽，〔五〕元城，〔六〕梁期，黎陽，莽曰黎蒸。〔七〕即裴，侯國。莽曰即是。〔八〕武始，漳水東至邯鄲入漳，又有拘澗水，東北至邯鄲入白渠。〔九〕邯會，侯國。〔一〇〕陰安，平恩，侯國。莽曰延平。邯溝，侯國。〔一一〕武安。欽口山，白渠水所出，東至列人入漳。又有濡水，東北至東昌入虖池河，過郡五，行六百一里。有鐵官。莽曰桓安。〔一二〕

〔一〕應劭曰：「斥丘在西南也。」師古曰：「闞駰云地多斥鹵，故曰斥丘。」

〔二〕應劭曰：「春秋『吳子、晉侯會于黃池』。今黃澤在西。陳留有外黃，故加內云。」臣瓚曰：「國語曰『吳子會諸侯于黃池，掘溝於齊、魯之間』。今陳外黃有黃溝是也。史記曰『伐宋取黃池』。然則不得在魏郡明矣。」師古曰：「瓚說是也，應說失之。」

〔三〕應劭曰：「清河在西北。」

〔四〕應劭曰：「魏武侯別都。」

〔五〕應劭曰：「在繁水之陽。」張晏曰：「其界爲繁淵。」

〔六〕應劭曰：「魏武侯公子元食邑於此，因而遂氏焉。」

〔七〕晉灼曰：「黎山在其南，河水經其東。其山上碑云縣取山之名，取水之陽以爲名。」

〔八〕應劭曰：「裴音非。」

〔九〕應劭曰：「拘音矩。」

〔一〇〕張晏曰：「漳水之別，自城西南與邯山之水會，今城旁猶有溝渠在也。」師古曰：「邯音下安反。」

〔一一〕師古曰：「邯水之溝。」

〔三〕師古曰：「濅音子衽反。虖音呼。池音徒何反。其下並同。」

鉅鹿郡，秦置。屬冀州。戶十五萬五千九百五十一，口八十二萬七千一百七十七。縣二十：鉅鹿，禹貢大陸澤在北。紂所作沙丘臺在東北七十里。〔一〕南䜌，莽曰富平。〔二〕廣阿，象氏，侯國。莽曰寧昌。廮陶，〔三〕宋子，莽曰宜子。楊氏，莽曰功陸。臨平，下曲陽，都尉治。〔四〕貰，〔五〕鄡，莽曰秦聚。〔六〕新市，侯國。莽曰市樂。堂陽，有鹽官。嘗分為（涇）〔經〕縣。〔七〕安定，侯國。敬武，歷鄉，侯國。莽曰歷聚。樂信，侯國。武陶，侯國。柏鄉，侯國。安鄉。侯國。

〔一〕應劭曰：「鹿，林之大者也。」臣瓚曰：「山足曰鹿。」師古曰：「應說是。」

〔二〕孟康曰：「䜌音良全反。」

〔三〕師古曰：「廮音一井反。」

〔四〕應劭曰：「晉荀吳滅鼓，今鼓聚昔陽亭是也。」師古曰：「常山有上曲陽，故此云下。」

〔五〕師古曰：「音式制反。」

〔六〕師古曰：「音苦么反。」

〔七〕應劭曰：「在堂水之陽。」

常山郡，高帝置。莽曰井關。屬冀州。〔一〕戶十四萬一千七百四十一，口六十七萬七千九百五十六。縣十八：元氏，沮水首受中丘西山窮泉谷，東至堂陽入黃河。莽曰井關亭。〔二〕石邑，井陘山在西，洨水所出，東南至廮陶入泜。〔三〕桑中，侯國。靈壽，中山桓公居此。禹貢衞水出東北，東入虖池。蒲吾，有鐵山。大白渠水首受緜曼水，東南至下曲陽入斯洨。〔四〕上曲陽，恆山北谷在西北。有祠。并州山。禹貢恆水所出，東入滱。莽曰常山亭。〔五〕九門，莽曰久門。井陘，〔六〕房子，贊皇山，〔石〕濟水所出，東至廮陶入泜。莽曰多子。〔七〕中丘，逢山長谷，〔諸〕〔渚〕水所出，東至張邑入濁。莽曰直聚。封斯，侯國。關，平棘，〔八〕鄗，世祖即位，更名高邑。莽曰禾成亭。〔九〕樂陽，侯國。莽曰暢苗。平臺，侯國。莽曰順臺。都鄉，侯國。有鐵官。莽曰分鄉。南行唐。牛飲山白陸谷，滋水所出，東至新市入虖池。都尉治。莽曰延億。

〔一〕張晏曰：「恆山在西，避文帝諱，故改曰常山。」

〔二〕師古曰：「闞駰云趙公子元之封邑，故曰元氏。」

〔三〕師古曰：「洨音效，又音爻。泜音脂，又音丁計反。其後亦同。」

〔四〕應劭曰：「蒲水出中山蒲陰，東入河。」

〔五〕應劭曰：「滱音彊。」

〔六〕應劭曰：「井陘山在南，音刑。」

〔七〕師古曰：「濟音子詣反。」

〔八〕應劭曰：「伐晉取棘蒲也。」師古曰：「功臣表棘蒲侯陳武，平棘侯林摯，是則平棘、棘蒲非一地也。應說失之。」

〔九〕師古曰：「鄗音呼各反。」

清河郡，高帝置。莽曰平河。屬冀州。戶二十萬一千七百七十四，口八十七萬五千四百二十二。縣十四：清陽，王都。東武城，繹幕，〔一〕靈，河水別出為鳴犢河，東北至蓨入屯氏河。莽曰播。〔二〕厝，莽曰厝治。〔三〕鄃，莽曰善陸。〔四〕貝丘，都尉治。〔五〕信成，張甲河首受屯氏別河，東北至蓨入漳水。𢛢題，〔六〕東陽，侯國。莽曰胥陵。信鄉，侯國。〔七〕繚，〔八〕棗彊，復陽。莽曰樂歲。〔九〕

〔一〕應劭曰：「繹音亦。」師古曰：「本音弋尺反。」

〔二〕師古曰：「蓨音條。其下亦同。」

〔三〕應劭曰：「安帝以孝德皇后葬於厝，改曰甘陵也。」師古曰：「音趨亦反。」

〔四〕師古曰：「音輸。」

〔五〕應劭曰：「左氏傳『齊襄公田于貝丘』是。」

〔六〕師古曰：「𢛢，古莎字。」

〔七〕孟康曰：「順帝更名安平。」

〔八〕師古曰：「音良笑反。」

〔九〕應劭曰：「音腹。」

涿郡，高帝置。莽曰垣翰。屬幽州。戶十九萬五千六百七，口七十八萬二千七百六十四。有鐵官。縣二十九：涿，桃水（受首）〔首受〕淶水，分東至安次入河。〔一〕迺，莽曰迺屏。〔二〕穀丘，故安，閻鄉，易水所出，東至范陽入濡也，并州寖。水亦至范陽入淶。〔三〕南深澤，范陽，莽曰順陰。〔四〕蠡吾，〔五〕容城，莽曰深澤。易，廣望，侯國。鄚，莽曰言符。〔六〕高陽，莽曰高亭。〔七〕州鄉，侯國。安平，都尉治。莽曰廣望亭。樊輿，侯國。莽曰握符。成，侯國。莽曰宜家。良鄉，侯國。垣水南東至陽鄉入桃。莽曰廣陽。利鄉，侯國。莽曰章符。臨鄉，侯國。益昌，侯國。莽曰有秩。陽鄉，侯國。莽曰章武。西鄉，侯國。莽曰移風。饒陽，〔八〕中水，〔九〕武垣，莽曰垣翰亭。〔一〇〕阿陵，莽曰阿陸。阿武，侯國。高郭，侯國。莽曰廣隄。新昌。侯國。

〔一〕應劭曰：「涿水出上谷涿鹿縣。」師古曰：「淶音來。」
〔二〕師古曰：「迺古遒字，音字由反。」
〔三〕師古曰：「言易水又至范陽入淶也。濡音乃官反。」
〔四〕應劭曰：「在范水之陽。」
〔五〕師古曰：「蠡音禮。」
〔六〕應劭曰：「音莫。」
〔七〕應劭曰：「在高河之陽。」
〔八〕應劭曰：「在饒河之陽。」
〔九〕應劭曰：「在易、滱二水之間，故曰中水。」
〔一〇〕應劭曰：「垣水出良鄉，東入桃。」

勃海郡，高帝置。莽曰迎河。屬幽州。〔一〕戶二十五萬六千三百七十七，口九十萬五千一百一十九。縣二十六：浮陽，莽曰浮城。陽信，東光，有胡蘇亭。阜城，莽曰吾城。千童，〔二〕重合，南皮，莽曰迎河亭。〔三〕定，侯國。章武，有鹽官。莽曰桓章。中邑，莽曰檢陰。高成，都尉治。高樂，莽曰爲鄉。參戶，侯國。成平，虖池河，民曰徒駭河。莽曰澤亭。柳，侯國。臨樂，侯國。莽曰樂亭。東平舒，〔四〕重平，安次，脩市，侯國。莽曰居寧。〔五〕文安，景成，侯國。東州，建成，章鄉，〔侯國〕。蒲領。侯國。

〔一〕師古曰：「在勃海之濱，因以爲名。」

〔二〕應劭曰：「靈帝改曰饒安。」

〔三〕師古曰：「闞駰云章武有北皮亭，故此云南。」

〔四〕師古曰：「代郡有平舒，故此加東。」

〔五〕應劭曰：「音條。」

平原郡，高帝置。莽曰河平。屬青州。戶十五萬四千三百八十七，口六十六萬四千五百四十三。縣十九：平原，有篤馬河，東北入海，五百六十里。鬲，平當以爲鬲津。莽曰河平亭。〔一〕高唐，桑欽言漯水所出。〔二〕重丘，平昌，侯國。羽，侯國。莽曰羽貞。般，莽曰分明。〔三〕樂陵，都尉治。莽曰美陽。〔四〕祝阿，莽曰安成。瑗，莽曰東順亭。阿陽，漯陰，莽曰翼成。〔五〕朸，莽曰張鄉。〔六〕富平，侯國。莽曰樂安亭。〔七〕安悳，〔八〕合陽，侯國。莽曰宜鄉。樓虛，侯國。龍頟，侯國。莽曰清鄉。〔九〕

安。侯國。

〔一〕師古曰：「讀與（耿）〔隔〕同。」

〔二〕師古曰：「漯音它合反。」

〔三〕如淳曰：「般音如面般之般。」韋昭曰：「音逋垣反。」師古曰：「爾雅說九河云『鉤般』，郭璞以爲水曲如鉤，流般桓也。然今其土俗用如、韋之音。」

〔四〕師古曰：「樂音來各反。」

〔五〕應劭曰：「漯水出東武陽，東北入海。」師古曰：「漯音它合反。」

〔六〕應劭曰：「音力。」

〔七〕應劭曰：「明帝更名厭次。」

〔八〕師古曰：「悳，古德字。」

〔九〕師古曰：「今書本頟字或作額，而崔浩云有龍頟村，作額者非。」

千乘郡，高帝置。莽曰建信。屬青州。〔一〕戶十一萬六千七百二十七，口四十九萬七百二十。有鐵官、鹽官、均輸官。縣十五：千乘，有鐵官。東鄒，溼沃，莽曰延亭。平安，侯國。莽曰鴻睦。博昌，時水東北至鉅定入馬車瀆，幽州寖。〔二〕蓼城，都尉治。莽曰施武。建信，狄，莽曰利居。〔三〕琅槐，〔四〕樂安，被陽，侯國。〔五〕高昌，繁安，侯國。莽曰瓦亭。高宛，莽曰常鄉。延鄉。

〔一〕應劭曰：「和帝更名樂安。」

〔二〕應劭曰：「昌水出東萊昌陽。」臣瓚曰：「從東萊至博昌，經歷宿水，不得至也。取其嘉名耳。」師古曰：「瓚說是。」

〔三〕應劭曰：「安帝更名曰臨濟。」

〔四〕師古曰：「槐音回。」

〔五〕如淳曰：「一作疲，音罷軍之罷。」師古曰：「音皮彼反。」

濟南郡，故齊。文帝十六年別爲濟南國。景帝二年爲郡。莽曰樂安。屬青州。戶十四萬七百六十一，口六十四萬二千八百八十四。縣十四：東平陵，有工官、鐵官。鄒平，臺，莽曰臺治。梁鄒，土鼓，於陵，都尉治。莽曰於陸。陽丘，般陽，莽曰濟南亭。〔一〕菅，〔二〕朝陽，侯國。莽曰脩治。〔三〕歷城，有鐵官。猇，侯國。莽曰利成。〔四〕著，〔五〕宜成。侯國。

〔一〕應劭曰：「在般水之陽。」師古曰：「般音盤。」

〔二〕應劭曰：「音姦。」

〔三〕應劭曰：「在朝水之陽。」

〔四〕應劭曰：「音箎。」蘇林曰：「音爻。今東朝陽有猇亭。蔡謨音由，音（鷚）〔鴞〕。」師古曰：「蔡音是，音于虯反。」

〔五〕師古曰：「音竹庶反，又音直庶反。而韋昭誤以爲蓍龜之蓍字，乃音紀咨反，失之遠矣。」

泰山郡，高帝置。屬兗州。戶十七萬二千八十六，口七十二萬六千六百四。有工官。汶水出萊毋，西入濟。〔一〕縣二十四：奉高，有明堂，在西南四里。武帝元封二年造。有工官。博，有泰山廟。岱山在西北，（求山上）〔兗州山〕。茬，〔二〕盧，都尉治。濟北王都也。肥成，〔三〕虵丘，隧鄉，故隧國。

春秋曰「齊人殲于遂」也。〔四〕剛，故闡。莽曰柔。〔五〕柴，蓋，臨樂(于)〔子〕山，洙水所出，西北至蓋入池水。又沂水南至下邳入泗，過郡五，行六百里，青州寖。〔六〕梁父，〔七〕東平陽，南武陽，冠石山，治水所出，南至下邳入泗，過郡二，行九百四十里。莽曰桓宣。〔八〕萊蕪，原山，甾水所出，東至(傳)〔博〕昌入泲，幽(川)〔州〕寖。又禹貢汶水出西南入泲。汶水，桑欽所言。〔九〕鉅平，有亭亭山祠。〔一〇〕嬴，有鐵官。〔一一〕牟，故國。〔一二〕蒙陰，禹貢蒙山在西南，有祠。顓臾國在蒙山下。莽曰蒙恩。華，莽曰翼陰。寧陽，侯國。莽曰寧順。乘丘，〔一三〕富陽，桃山，侯國。莽曰裒魯。桃鄉，侯國。莽曰鄣亭。式。

〔一〕師古曰：「汶音問。毋與無同。」

〔二〕應劭曰：「茬山在東北。音淄。」師古曰：「又音仕疑反。」

〔三〕應劭曰：「肥子國。」

〔四〕師古曰：「虵音移。隧音遂。」

〔五〕應劭曰：「春秋『秋取酄及闡』，今闡亭是也。」師古曰：「酄音驩。」

〔六〕師古曰：「蓋讀如本字，又音古盍反。洙音殊。」

〔七〕師古曰：「以山名縣也。父音甫。」

〔八〕應劭曰：「武水所出，南入泗。」

〔九〕師古曰：「泲音子禮反。」

〔一〇〕應劭曰：「左氏傳『陽虎入于酄陽關以叛』。今陽關亭是也。」

〔一〕師古曰：「音盈。」

〔二〕應劭曰：「附庸也。」師古曰：「春秋桓十五年『牟人來朝』，即此也。」

〔三〕師古曰：「春秋莊公十五年『公敗宋師于乘丘』，即此是也。」

齊郡，秦置。莽曰濟南。屬青州。戶十五萬四千八百二十六，口五十五萬四千四百四十四。縣十二：臨淄，師尚父所封。如水西北至梁鄒入泲。有服官、鐵官。莽曰齊陵。〔一〕昌國，德會水西北至西安入如。利，莽曰利治。西安，莽曰東寧。鉅定，馬車瀆水首受鉅定，東北至琅槐入海。廣，為山，濁水所出，東北至廣饒入鉅定。廣饒，昭南，臨朐，有逢山祠。石膏山，洋水所出，東北至廣饒入鉅定。莽曰監朐。〔二〕北鄉，侯國。莽曰禺聚。平廣，侯國。臺鄉。

〔一〕應劭曰：「齊獻公自營丘徙此。」臣瓚曰：「臨淄即營丘也。故晏子曰『始爽鳩氏居之，逢伯陵居之，太公居之』。又曰『先君太公築營之丘』。今齊之城中有丘，即營丘也。」師古曰：「瓚說是也。築營之丘，言於營丘地築城邑。」

〔二〕應劭曰：「臨朐山有伯氏駢邑。」師古曰：「朐音劬。洋音詳。」

北海郡，景帝中二年置。屬青州。戶十二萬七千，口五十九萬三千一百五十九。縣二十六：營陵，或曰營丘。莽曰北海亭。〔一〕劇魁，侯國。莽曰上符。安丘，莽曰誅郅。〔二〕瓡，侯國。莽曰道德。〔三〕淳于，〔四〕益，莽曰探陽。平壽，〔五〕劇，侯國。都昌，有鹽官。平望，侯國。莽曰所聚。平的，侯國。〔六〕柳泉，侯國。莽曰弘睦。壽光，有鹽官。莽曰翼平亭。〔七〕樂望，侯國。饒，侯國。

斟，故國，禹後。桑犢，覆甑山，溉水所出，東北至都昌入海。〔八〕平城，侯國。密鄉，侯國。羊石，侯國。樂都，侯國。莽曰拔壟，一作杕，一作枝也。石鄉，侯國。一作正鄉。上鄉，侯國。新成，侯國。成鄉，侯國。莽曰石樂。膠陽。侯國。

〔一〕應劭曰：「師尚父封於營丘，陵亦丘也。」臣瓚曰：「營丘即臨淄也。營陵，春秋謂之緣陵。」師古曰：「臨淄、營陵，皆舊營丘地。」

〔二〕孟康曰：「今渠丘是。」

〔三〕師古曰：「瓡即執字。」

〔四〕應劭曰：「春秋『州公如曹』，左氏傳曰『淳于公如曹』。」臣瓚曰：「州，國名也，淳于公國之所都。」

〔五〕應劭曰：「古斟尋，禹後，今斟城是也。」臣瓚曰：「斟尋在河南，不在此也。汲郡古文云『大康居斟尋，羿亦居之，桀亦居之』。尚書序云『大康失邦，昆弟五人，須于洛汭』，此即大康所居爲近洛也。又吳起對魏武侯曰『昔夏桀之居，左河濟，右太華，伊闕在其南，羊腸在其北』，河南城爲值之。又周書度邑篇曰武王問太公曰：『吾將因有夏之居，南望過于三塗，北瞻望于有河。』有夏之居，即河南是也。」師古曰：「應說止云斟尋本是禹後耳，何豫夏國之都乎？瓚說非也。斟音斟。」

〔六〕師古曰：「的音丁歷反，其字從白。」

〔七〕應劭曰：「古斟灌，禹後，今灌亭是。」

〔八〕師古曰：「溉音功代反。」

東萊郡，高帝置。屬青州。〔一〕戶十萬三千二百九十二，口五十萬二千六百九十三。縣十七：掖，莽曰掖通。腄，有之罘山祠。居上山，聲洋（丹）水所出，東北入海。〔二〕平度，莽曰利盧。黃，有萊山松林萊君祠。莽曰意母。臨朐，有海水祠。莽曰監朐。〔三〕曲成，有參山萬里沙祠。陽丘山，治水所出，南至沂入海。有鹽官。牟平，莽曰望利。東牟，有鐵官、鹽官。莽曰弘德。惤，有百支萊王祠。有鹽官。〔四〕育犁，昌陽，有鹽官。莽曰夙敬亭。不夜，有成山日祠。莽曰夙夜。〔五〕當利，有鹽官。莽曰（來）〔東〕萊亭。盧鄉，陽樂，侯國。莽曰延樂。陽石，莽曰識命。徐鄉。

〔一〕師古曰：「故萊子國也。」

〔二〕師古曰：「腄音直瑞反。洋音祥。」

〔三〕師古曰：「齊郡已有臨朐，而東萊又有此縣，蓋各以所近爲名也。斯類非一。」

〔四〕師古曰：「惤音堅。」

〔五〕師古曰：「齊地記云古有日夜出，見於東萊，故萊子立此城，以不夜爲名。」

琅邪郡，秦置。莽曰塡夷。屬徐州。〔一〕戶二十二萬八千九百六十，口一百七萬九千一百。有鐵官。縣五十一：東武，莽曰祥善。不其，有太一、僊人祠九所，及明堂，武帝所起。〔二〕海曲，有鹽官。贛榆，〔三〕朱虛，凡山，丹水所出，東北至壽光入海。東泰山，汶水所出，東至安丘入維。有三山、五帝祠。〔四〕諸，莽曰諸幷。〔五〕梧成，靈門，有高桼山。壺山，浯水所出，東北入淮。〔六〕姑幕，都尉治。或曰薄姑。莽曰季睦。〔七〕虛水，侯國。〔八〕臨原，侯國。莽曰塡夷亭。琅邪，越王句踐嘗治此，起館臺。(存)〔有〕四時祠。〔九〕祓，侯國。〔一〇〕柜，根艾水東入海。莽曰祓同。〔一一〕缾，侯國。〔一二〕邞，膠水東至平度入海。莽曰純德。〔一三〕雩(段)〔叚〕，侯國。〔一四〕黔陬，故介國也。〔一五〕雲，侯國。計斤，莒子始起此，後徙莒。有鹽官。〔一六〕稻，侯國。臯虞，侯國。莽曰盈廬。平昌，長廣，有萊山萊王祠。奚養澤在西，秦地圖曰劇清(地)〔池〕，幽州藪。有鹽官。橫，故山，久台水所出，東南至東武入淮。莽曰令丘。〔一七〕東莞，術水南至下邳入泗，過郡三，行七百一十里，青州寖。〔一八〕魏其，侯國。莽曰青泉。昌，有環山祠。茲鄉，侯國。箕，侯國。禹貢濰水北至(昌)都〔昌〕入海，過郡三，行五百二十里，兗州寖也。椑，夜頭水南至海。莽曰識命。〔一九〕高廣，侯國。高鄉，侯國。柔，侯國。即來，侯國。莽曰盛睦。麗，侯國。武鄉，侯國。莽曰順理。伊鄉，侯國。新山，侯國。高陽，侯國。昆山，侯國。參封，侯國。折泉，侯國。折泉水北至莫入淮。博石，侯國。房山，侯國。愼鄉，侯國。駟望，侯國。莽曰泠鄉。〔二〇〕安丘，侯國。莽曰寧鄉。高陵，侯國。莽曰蒲(睦)〔陸〕。臨安，侯國。莽曰誠信。石山。侯國。

〔一〕師古曰：「塡音竹人反。」

〔二〕如淳曰：「其音基。」

〔三〕師古曰：「贛音紺。楡音踰。」

〔四〕師古曰：「前言汶水出萊蕪入濟，今此又言出朱虛入維，將桑欽所說有異，或者有二汶水乎？五帝祠在汶水之上。」

〔一五〕師古曰：「春秋『城諸(入)〔及〕鄆』者。」

〔一六〕師古曰：「渠即柘字也。浯音吾。」

〔一七〕應劭曰：「左氏傳曰『薄姑氏因之，而後太公因之』。」

〔一八〕如淳曰：「虛音墟。」

〔一九〕師古曰：「山海經云琅邪臺在琅邪之東。」

〔二〇〕師古曰：「音廢。」

〔二一〕如淳曰：「音亘。」

〔二二〕如淳曰：「音瓶。」

〔二三〕師古曰：「音夫，又音扶。」

〔二四〕師古曰：「雩音許于反。(段)〔叚〕音工下反。」

〔二五〕師古曰：「陬音子侯反。」

〔二六〕師古曰：「即春秋左氏傳所謂介根也，語音有輕重。」

〔二七〕師古曰：「台音怡。」

〔二八〕孟康曰：「故鄆邑，今鄆亭是也。」師古曰：「莞音官。術水即沭水也，音同。」

〔二九〕應劭曰：「音裨。」

〔三〇〕師古曰：「泠音零。」

東海郡，高帝置。莽曰沂平。屬徐州。〔一〕戶三十五萬八千四百一十四，口百五十五萬九千三百五十七。縣三十八：郯，故國，少昊後，盈姓。〔二〕蘭陵，莽曰蘭東。〔三〕襄賁，莽曰章信。〔四〕下邳，〔萬〕〔葛〕嶧山在西，古文以為嶧陽。有鐵官。莽曰閏儉。〔五〕良成，侯國。莽曰承翰。〔六〕平曲，莽曰平端。戚，〔七〕朐，秦始皇立石海上以為東門闕。有鐵官。開陽，故鄅國。莽曰厭虜。〔八〕費，故魯季氏邑。都尉治。莽曰順從。〔九〕利成，莽曰流泉。海曲，莽曰東海亭。蘭祺，侯國。莽曰溥睦。繒，故國，禹後。莽曰繒治。南成，侯國。山鄉，侯國。建鄉，侯國。即丘，莽曰就信。〔一〇〕祝其，禹貢羽山在南，鯀所殛。莽曰猶亭。臨沂，厚丘，莽曰祝其亭。容丘，侯國。祠水東南至下邳入泗。東安，侯國。莽曰業亭。合鄉，莽曰合聚。承，莽曰承治。〔一一〕建陽，侯國。莽曰建力。曲陽，莽曰從羊。〔一二〕司吾，莽曰息吾。〔一三〕于鄉，侯國。平曲，侯國。莽曰端平。都陽，侯國。〔一四〕陰平，侯國。郚鄉，侯國。莽曰徐亭。〔一五〕武陽，侯國。莽曰弘亭。新陽，侯國。莽曰博聚。建陵，侯國。莽曰付亭。昌慮，侯國。莽曰慮聚。〔一六〕都平，侯國。

〔一〕應劭曰：「秦郯郡。」

〔二〕應劭曰：「音談。」

〔三〕孟康曰：「次室亭魯伯是。」

〔四〕應劭曰：「賁音肥。」

〔五〕應劭曰：「邳在薛，其後徙此，故曰下。」臣瓚曰：「有上邳，故曰下邳也。」師古曰：「瓚說是。」

〔六〕師古曰：「左氏傳所謂『晉侯會吳子於良』，即此是。」

〔七〕鄭氏曰：「音夔戚。」

〔八〕師古曰：「鄅音禹。厭音一涉反。」

〔九〕師古曰：「音祕。」

〔一〇〕孟康曰：「古祝丘。」

〔一一〕應劭曰：「音證。」

〔一二〕應劭曰：「在淮曲之陽。」

〔一三〕應劭曰：「左傳吳執鍾吾子。」

〔一四〕應劭曰：「春秋『齊人遷陽』是。」

〔一五〕師古曰：「郚音吾，又音魚。」

〔一六〕師古曰：「慮音廬。」

臨淮郡，武帝元狩六年置。莽曰淮平。戶二十六萬八千二百八十三，口百二十三萬七千七百六十四。縣二十九：徐，故國，盈姓。至春秋時徐子章禹爲楚所滅。莽曰徐調。取慮，〔一〕淮浦，游水北入海。莽曰淮敬。〔二〕盱眙，都尉治。莽曰武匡。〔三〕厹猶，莽曰秉義。〔四〕僮，莽曰成信。射陽，莽曰監淮亭。〔五〕開陽，贅其，〔六〕高山，〔七〕睢陵，莽曰睢陸。〔八〕鹽瀆，有鐵官。淮陰，莽曰嘉信。淮陵，莽曰淮陸。下相，莽曰從德。〔九〕富陵，莽曰槧虜。〔一〇〕東陽，播旌，莽曰著信。西平，莽曰永聚。高平，侯國。莽曰成丘。開陵，侯國。莽曰成鄉。昌陽，侯國。廣平，侯國。莽曰平寧。蘭陽，侯國。莽曰建節。襄平，侯國。莽曰相平。海陵，有江海會祠。莽曰亭間。輿，莽曰美德。堂邑，有鐵官。樂陵。侯國。

〔一〕師古曰：「取音趨，又音秋。慮音廬。」
〔二〕應劭曰：「淮涯也。」
〔三〕應劭曰：「音吁怡。」
〔四〕師古曰：「厹音仇。」
〔五〕應劭曰：「在射水之陽。」
〔六〕師古曰：「贅音之銳反。」
〔七〕應劭曰：「高山在東南。」
〔八〕師古曰：「睢音雖。」
〔九〕應劭曰：「相水出沛國，故加下。」
〔一〇〕〔師古曰〕：「欙音朔。」

會稽郡，秦置。高帝六年爲荆國，十二年更名吳。景帝四年屬江都。屬揚州。戶二十二萬三千三十八，口百三萬二千六百四。縣二十六：吳，故國，周太伯所邑。具區澤在西，揚州藪，古文以爲震澤。南江在南，東入海，揚州川。莽曰泰德。曲阿，故雲陽。莽曰風美。烏傷，莽曰烏孝。毗陵，季札所居。江在北，東入海，揚州川。莽曰吡壇。〔一〕餘暨，蕭山，潘水所出，東入海。莽曰餘衍。〔二〕陽羨，諸暨，莽曰疏虜。無錫，有歷山，春申君歲祠以牛。莽曰有錫。山陰，會稽山在南，上有禹冢、禹井，揚州山。越王句踐本國。有靈文園。〔三〕丹徒，〔四〕餘姚，婁，有南武城，闔閭所起以候越。莽曰婁治。上虞，有仇亭。柯水東入海。莽曰會稽。海鹽，故武原鄉。有鹽官。莽曰展武。剡，莽曰盡忠。〔五〕由拳，柴辟，故就李鄉，吳、越戰地。〔六〕大末，穀水東北至錢唐入江。莽曰末治。〔七〕烏程，有歐陽亭。〔八〕句章，渠水東入海。餘杭，莽曰進睦。〔九〕鄞，有鎮亭，有鮚埼亭。東南有天門水入海。有越天門山。莽曰謹。〔一〇〕錢唐，西部都尉治。武林山，武林水所出，東入海，行八百三十里。莽曰泉亭。鄮，莽曰海治。〔一一〕富春，莽曰誅歲。冶，〔一二〕回浦。南部都尉治。

〔一〕師古曰：「舊延陵，漢改之。」

〔二〕應劭曰：「吳王闔閭弟夫槩之所邑。」師古曰：「應說非也。暨音既。下諸暨亦同。潘音甫元反。」

〔三〕師古曰：「靈文侯，薄太后父。」

〔四〕師古曰：「即春秋云朱方也。」

〔五〕師古曰：「音上冉反。」

〔六〕應劭曰：「古之檇李也。」師古曰：「拳音權。辟讀曰壁。檇音子遂反。」

〔七〕孟康曰：「大音如闥。」

〔八〕師古曰：「歐音烏侯反。」

〔九〕孟康曰：「杭音行伍之行。」

〔一〇〕師古曰：「鄡音牛斤反。鮚音結，蚌也，長一寸，廣二分，有一小蟹在其腹中。埼，曲岸也，其中多鮚，故以名亭。埼音鉅依反。」

〔一一〕孟康曰：「音貿。」

〔一二〕師古曰：「本閩越地。」

丹揚郡，故鄣郡。屬江都。武帝元封二年更名丹揚。屬揚州。戶十萬七千五百四十一，口四十萬五千一百七十一。有銅官。縣十七：宛陵，彭澤聚在西南。清水西北至蕪湖入江。莽曰無宛。於朁，〔一〕江乘，莽曰相武。春穀，秣陵，莽曰宣亭。故鄣，莽曰候望。〔二〕句容，涇，〔三〕丹陽，楚之先熊繹所封，十八世，文王徙郢。石城，分江水首受江，東至餘姚入海，過郡二，行千二百里。胡孰，陵陽，桑欽言淮水出東南，北入大江。蕪湖，中江出西南，東至陽羨入海，揚州川。黝，漸江水出南蠻夷中，東入海。成帝鴻嘉二年爲廣德王國。莽曰愬虜。〔四〕溧陽，〔五〕歙，都尉治。〔六〕宣城。

〔一〕師古曰：「朁音潛。」

〔二〕師古曰：「鄣音章。」

〔三〕韋昭曰：「涇水出蕪湖。」

〔四〕師古曰：「黝音伊，字本作黟。其音同。」

〔五〕應劭曰：「溧水所出南湖也。」師古曰：「音栗。」

〔六〕師古曰：「音攝。」

豫章郡，高帝置。莽曰九江。屬揚州。戶六萬七千四百六十二，口三十五萬一千九百六十五。縣十八：南昌，莽曰宜善。廬陵，莽曰桓亭。彭澤，禹貢彭蠡澤在西。鄱陽，武陽鄉右十餘里有黃金采。鄱水西入湖漢。莽曰鄉亭。〔一〕歷陵，傅易山、傅易川在南，古文以為傅淺原。莽曰蒲亭。〔二〕餘汗，餘水在北，至鄡陽入湖漢。莽曰治干。〔三〕柴桑，莽曰九江亭。艾，脩水東北至彭澤入湖漢，行六百六十里。莽曰治翰。贛，豫章水出西南，北入大江。〔四〕新淦，都尉治。莽曰偶亭。〔五〕南城，盱水西北至南昌入湖漢。〔六〕建成，蜀水東至南昌入湖漢。莽曰多聚。宜春，南水東至新淦入湖漢。莽曰脩曉。海昏，莽曰宜生。〔七〕雩都，湖漢水東至彭澤入江，行千九百八十里。〔八〕鄡陽，莽曰豫章。南埜，彭水東入湖漢。安平。侯國。莽曰安寧。

〔一〕孟康曰：「鄱音婆。」師古曰：「采者，謂采取金之處。」
〔二〕師古曰：「傅讀曰敷。易，古陽字。」
〔三〕應劭曰：「汗音干。」師古曰：「鄡音口堯反。」
〔四〕如淳曰：「音感。」
〔五〕應劭曰：「淦水所出，西入湖漢也。」師古曰：「淦音紺，又音古含反。」
〔六〕師古曰：「盱音香于反。」
〔七〕師古曰：「即昌邑王賀所封。」

〔八〕師古曰：「音于。」

桂陽郡，高帝置。莽曰南平。屬荆州。戶二萬八千一百一十九，口十五萬六千四百八十八。有金官。縣十一：郴，耒山，耒水所出，西南至湘南入湖。項羽所立義帝都此。莽曰宣風。〔一〕臨武，秦水東南至湞陽入匯，行七百里。莽曰大武。〔二〕便，莽曰便屏。南平，耒陽，(春)〔舂〕山，(春)〔舂〕水所出，北至酃入湖，過郡二，行七百八十里。莽曰南平亭。〔三〕桂陽，匯水南至四會入鬱(林)，過郡二，行九百里。〔四〕陽山，侯國。〔五〕曲江，莽曰除虜。含洭，〔六〕湞陽，莽曰基武。〔七〕陰山。侯國。

〔一〕師古曰：「郴音丑林反。耒音郎內反。」

〔二〕師古曰：「湞音丈庚反，又音貞。匯音胡賄反。」

〔三〕師古曰：「在耒水之陽也。酃音靈。」

〔四〕應劭曰：「桂水所出，東北入湘。」

〔五〕應劭曰：「今陰山也。」師古曰：「下自有陰山。應說非也。」

〔六〕應劭曰：「洭水所出，東北入沅。」師古曰：「洭音匡。沅音元。」

〔七〕應劭曰：「湞水出南海龍川，西入秦。」

武陵郡，高帝置。莽曰建平。屬荆州。戶三萬四千一百七十七，口十八萬五千七百五十八。縣十三：索，漸水東入沅。〔一〕孱陵，莽曰孱陸。〔二〕臨沅，莽曰監元。〔三〕沅陵，莽曰沅陸。鐔成，康谷水南入海。玉山，潭水所出，東至阿林入鬱，過郡二，行七百二十里。〔四〕無陽，無水首受故且蘭，南入沅，八百九十里。〔五〕遷陵，莽曰遷陸。辰陽，三山谷，辰水所出，南入沅，七百五十里。莽曰會亭。〔六〕酉陽，〔七〕義陵，鄜梁山，序水所出，西入沅。莽曰建平。〔八〕佷山，〔九〕零陽，〔一〇〕充。酉原山，酉水所出，南至沅陵入沅，行千二百里。歷山，澧水所出，東至下雋入沅，過郡二，行一千二百里。〔一一〕

〔一〕應劭曰：「順帝更名漢壽。」如淳曰：「音繩索之索。」師古曰：「沅音元。」

〔二〕應劭曰：「孱音踐。」師古曰：「音仕連反。」

〔三〕應劭曰：「沅水出牂柯，入于江。」

〔四〕應劭曰：「潭水所出，東入鬱。音淫。」孟康曰：「鐔音潭。」師古曰：「孟音是。」

〔五〕師古曰：「且音子余反。」

〔六〕應劭曰：「辰水所出，東入沅。」

〔七〕應劭曰：「酉水所出，東入湘。」

〔八〕師古曰：「鄜音敷。」

〔九〕孟康曰：「音恆。出藥草恆山。」

〔一〇〕應劭曰：「零水所出，東南入湘。」

〔一一〕師古曰：「澧音禮。雋音辭兗反。」

零陵郡，武帝元鼎六年置。莽曰九疑。屬荊州。戶二萬一千九十二，口十三萬九千三百七十八。縣十：零陵，陽海山，湘水所出，北至酃入江，過郡二，行二千五百三十里。又有離水，東南至廣信入鬱林，行九百八十里。營道，九疑山在南。莽曰九疑亭。始安，夫夷，營浦，都梁，侯國。路山，資水所出，東北至益陽入沅，過郡二，行千八百里。泠道，莽曰泠陵。〔一〕泉陵，侯國。莽曰溥閏。洮陽，莽曰洮治。〔二〕鍾武。莽曰鍾桓。〔三〕

〔一〕應劭曰：「泠水出丹陽宛陵，西北入江。」臣瓚曰：「宛陵在豫章北界，相去三千里，又隔諸水，不得從下逆至泠道而復入江也。」師古曰：「瓚說是。泠音零。」

〔二〕如淳曰：「洮音韜。」

〔三〕應劭曰：「今重安。」

漢中郡，秦置。莽曰新成。屬益州。戶十萬一千五百七十，口三十萬六百一十四。縣十二：西城，〔一〕旬陽，北山，旬水所出，南入沔。南鄭，旱山，池水所出，東北入漢。褒中，都尉治。漢陽鄉。房陵，淮山，淮水所出，東至中廬入沔。又有筑水，東至筑陽亦入沔。東山，沮水所出，東至郢入江，行七百里。〔二〕安陽，鬵谷水出西南，北入漢。在谷水出北，南入漢。〔三〕成固，沔陽，有鐵官。〔四〕錫，莽曰錫治。〔五〕武陵，上庸，長利。有鄖關。〔六〕

〔一〕應劭曰：「世本媯虛在西北，舜之居。」

〔二〕師古曰：「筑音逐。」

〔三〕師古曰：「鬵音潛，其字亦或從水。」

〔四〕應劭曰：「沔水出武（昌）〔都〕，東南入江。」如淳曰：「此方人謂漢水爲沔水。」師古曰：「漢上曰沔。音莫踐反。」

〔五〕應劭曰：「音陽。」師古曰：「即春秋所謂錫穴。」

〔六〕師古曰：「音云。」

廣漢郡，高帝置。莽曰就都。屬益州。戶十六萬七千四百九十九，口六十六萬二千二百四十九。有工官。縣十三：梓潼，五婦山，馳水所出，南入涪，行五百五十里。莽曰子同。〔一〕汁方，莽曰美信。〔二〕涪，有孱亭。莽曰統睦。〔三〕雒，章山，雒水所出，南至新都谷入湔。有工官。莽曰吾雒。〔四〕緜竹，紫巖山，緜水所出，東至新都北入雒。都尉治。廣漢，莽曰廣信。葭明，〔五〕郪，〔六〕新都，甸氐道，白水出徼外，東至葭明入漢，過郡一，行九百五十里。莽曰致治。〔七〕白水，〔八〕剛氐道，涪水出徼外，南至墊江入漢，過郡二，行千六十九里。陰平道。北部都尉治。莽曰摧虜。

〔一〕應劭曰：「潼水所出，南入墊江。墊音徒浹反。」師古曰：「潼音童。涪音浮。」

〔二〕應劭曰：「汁音十。」

〔三〕應劭曰：「涪水出廣漢，南入漢。」

〔四〕師古曰：「湔音子先反。」

〔五〕應劭曰：「音家盲。」師古曰：「明音萌。」

〔六〕師古曰：「音妻，又音千私反。」

〔七〕李奇曰：「訇音滕。」師古曰：「音食證反。」

〔八〕應劭曰：「出徼外，北入漢。」

蜀郡，秦置。有小江入，并行千九百八十里。禹貢桓水出蜀山西南，行羌中，入南海。莽曰導江。屬益州。戶二十六萬八千二百七十九，口百二十四萬五千九百二十九。縣十五：成都，戶七萬六千二百五十六。有工官。郫，禹貢江沱在西，東入大江。〔一〕繁，廣都，莽曰就都亭。臨邛，僕千水東至武陽入江，過郡二，行五百一十里。有鐵官、鹽官。莽曰監邛。〔二〕青衣，禹貢蒙山谿大渡水東南至南安入渽。〔三〕江原，𨛍水首受江，南至武陽入江。莽曰邛原。〔四〕嚴道，邛來山，邛水所出，東入青衣。有木官。莽曰嚴治。緜虒，玉壘山，湔水所出，東南至江陽入江，過郡三，行千八百九十里。〔五〕旄牛，鮮水出徼外，南入若水。若水亦出徼外，南至大莋入繩，過郡二，行千六百里。〔六〕徙，〔七〕湔氐道，禹貢崏山在西徼外，江水所出，東南至江都入海，過郡七，行二千六百六十里。〔八〕汶江，渽水出徼外，南至南安，東入江，過郡三，行三千四十里。江沱在西南，東入江。〔九〕廣柔，蠶陵。莽曰步昌。

〔一〕師古曰：「郫音疲。沱音徒何反。」

〔二〕應劭曰：「邛水出嚴道邛來山，東入青衣。」

〔三〕應劭曰：「順帝更名漢嘉也。」師古曰：「渽音哉。」

〔四〕應劭曰：「𨛍音壽。」

〔五〕應劭曰：「虒音斯。」〔師古曰〕：「湔音子千反。」

〔六〕師古曰：「莋音才各反。」

〔七〕師古曰：「音斯。」

〔八〕師古曰：「音丁奚反。」

〔九〕師古曰：「沱音徒何反。」

犍爲郡，武帝建元六年開。莽曰西順。屬益州。〔一〕戶十萬九千四百一十九，口四十八萬九千四百八十六。縣十二：僰道，莽曰僰治。〔二〕江陽，武陽，有鐵官。莽曰戢成。南安，有鹽官、鐵官。資中，符，溫水南至鄨入黚水，黚水亦南至鄨入江。莽曰符信。〔三〕牛鞞，〔四〕南廣，汾關山，符黑水所出，北至僰道入江。又有大涉水，北至符入江，過郡三，行八百四十里。漢陽，都尉治。山闟谷，漢水所出，東至鄨入延。莽曰新通。〔五〕郁鄢，莽曰孱鄢。〔六〕朱提，山出銀。〔七〕堂琅。

〔一〕應劭曰：「故夜郎國。」

〔二〕應劭曰：「故僰侯國也。」音蒲北反。

〔三〕師古曰：「鄨音蔽，又音鼈。黚音紀炎反。」

〔四〕孟康曰：「音髀。」師古曰：「音必爾反。」

〔五〕師古曰：「闟音它盍反。」

〔六〕師古曰：「鄢音莫亞反。孱音仕連反。」

〔七〕應劭曰：「朱提山在西南。」蘇林曰：「朱音銖。提音時。北方人名匕曰匙。」

越巂郡，武帝元鼎六年開。莽曰集巂。屬益州。〔一〕戶六萬一千二百八，口四十萬八千四百五。縣十五：邛都，南山出銅。有邛池澤。遂久，繩水出徼外，東至僰道入江，過郡二，行千四百里。靈關道，臺登，孫水南至會無入若，行七百五十里。〔二〕定莋，出鹽。步北澤在南。都尉治。〔三〕會無，東山出碧。莋秦，大莋，姑復，臨池澤在南。〔四〕三絳，蘇示，𡰥江在西北。〔五〕闌，〔六〕卑水，〔七〕灊街，〔八〕青蛉。臨池灊在北。僕水出徼外，東南至來惟入勞，過郡二，行千八百八十里。(則)〔有〕禺同山，有金馬、碧雞。〔九〕

〔一〕應劭曰：「故邛都國也。有巂水。言越此水以章休盛也。」師古曰：「巂音先蕊反。」

〔二〕應劭曰：「今曰臺高。」

〔三〕師古曰：「莋音才各反。其下並同。本莋都也。」

〔四〕師古曰：「復音扶目反。」

〔五〕師古曰：「示讀曰祇。𡰥，古夷字。」

〔六〕師古曰：「音蘭。」

〔七〕孟康曰：「音班。」

〔八〕師古曰：「灊音潛，又音才心反。其下亦同。」

〔九〕應劭曰：「青蛉水出西，東入江也。」師古曰：「蛉音零。禺音愚。」

益州郡，武帝元封二年開。莽曰就新。屬益州。〔一〕戶八萬一千九百四十六，口五十八萬四百六十三。縣二十四：滇池，大澤在西，滇池澤在西北。有黑水祠。雙柏，同勞，銅瀨，談虜山，迷水所出，東至談稾入溫。連然，有鹽官。俞元，池在南，橋水所出，東至毋單入溫，行千九百里。懷山出銅。收靡，南山臘〔谷〕，涂水所出，西北至越嶲入繩，過郡二，行千二十里。〔二〕穀昌，秦臧，牛蘭山，即水所出，南至雙柏入僕，行八百二十里。邪龍，味，〔三〕昆澤，葉榆，葉榆澤在東。貪水首受青蛉，南至邪龍入僕，行五百里。〔四〕律高，西石空山出錫，東南盢町山出銀、鉛。〔五〕不韋，雲南，嶲唐，周水首受徼外。又有類水，西南至不韋，行六百五十里。弄棟，東農山，毋血水出，北至三絳南入繩，行五百一十里。比蘇，〔六〕賁古，北采山出錫，西羊山出銀、鉛，南烏山出錫。〔七〕毋棳，橋水首受橋山，東至中留入潭，過郡四，行三千一百二十里。莽曰有棳。〔八〕勝休，河水東至毋棳入橋。莽曰勝棘。健伶，〔九〕來唯。從陁山出銅。勞水出徼外，東至麋冷入南海，過郡三，行三千五百六十里。〔一〇〕

〔一〕應劭曰：「故滇王國也。」師古曰：「滇音顚。其下並同。」

〔二〕李奇曰：「靡音麻，即升麻，殺毒藥所出也。」師古曰：「涂音途。」

〔三〕孟康曰：「音昧。」

〔四〕師古曰：「葉音弋涉反。」

〔五〕師古曰：「盢音呼鷄反。町音挺。」

〔六〕師古曰：「比音頻二反。」

〔七〕師古曰：「賁音奔。」

〔八〕師古曰：「毋讀與無同。棳音之悅反，其字從木。」

〔九〕應劭曰：「音鈴。」

〔一〇〕師古曰：「㭲音胡工反。泠音零。」

牂柯郡，武帝元鼎六年開。莽曰同亭。有柱蒲關。屬益州。〔一〕戶二萬四千二百一十九，口十五萬三千三百六十。縣十七：故且蘭，沅水東南至益陽入江，過郡二，行二千五百三十里。〔二〕鐔封，溫水東至廣鬱入鬱，過郡二，行五百六十里。〔三〕鄨，不狼山，鄨水所出，東入沅，過郡二，行七百三十里。〔四〕漏臥，〔五〕平夷，同並，〔六〕談指，宛溫，〔七〕毋斂，剛水東至潭中入潭。莽曰有斂。〔八〕夜郎，豚水東至廣鬱。都尉治。莽曰同亭。〔九〕毋單，〔一〇〕漏江，西隨，麋水西受徼外，東至麋泠入尚龍谿，過郡二，行千一百六里。都夢，壺水東南至麋泠入尚龍谿，過郡二，行千一百六十里。談稾，〔一一〕進桑，南部都尉治。有關。句町，文象水東至增食入鬱。又有盧唯水、來細水、伐水。莽曰從化。〔一二〕

〔一〕應劭曰：「臨牂柯江也。」師古曰：「牂柯，係船杙也。華陽國志云，楚頃襄王時，遣莊蹻伐夜郎，軍至且蘭，椓船於岸而步戰。既滅夜郎，以且蘭有椓船牂柯處，乃改其名為牂柯。杙音弋。」

〔二〕應劭曰：「故且蘭侯邑也。且音苴。」師古曰：「音子閭反。」

〔三〕師古曰：「鐔音尋，又音淫。」

〔四〕孟康曰：「鄨音鷩。」師古曰：「音不列反。」

〔五〕應劭曰：「故漏臥侯國。」

〔六〕應劭曰：「故同並侯邑。」並音伴。

〔七〕師古曰：「宛音於元反。」

〔八〕師古曰：「潭音大含反。」

〔九〕應劭曰：「故夜郎侯邑。」

〔10〕師古曰：「毋讀與無同。單音丹。」

〔11〕師古曰：「槀音工老反。」

〔12〕應劭曰：「故句町國。」師古曰：「音劬挺。」

巴郡，秦置。屬益州。〔一〕戶十五萬八千六百四十三，口七十萬八千一百四十八。縣十一：江州，臨江，莽曰監江。枳，〔二〕閬中，彭道將池在南，彭道魚池在西南。〔三〕墊江，〔四〕朐忍，容毋水所出，南〔入江〕。有橘官、鹽官。〔五〕安漢，是魚池在南。莽曰安新。宕渠，符特山在西南。潛水西南入江。不曹水出東北〔徐谷〕，南入灊〔徐谷〕。〔六〕魚復，江關，都尉治。有橘官。〔七〕充國，涪陵。莽曰巴亭。〔八〕

〔一〕應劭曰：「左氏巴子使韓服告楚。」

〔二〕如淳曰：「音徙，或音抵。」師古曰：「音之爾反。」

〔三〕師古曰：「閬音浪。」

〔四〕孟康曰：「音重疊之疊。」

〔五〕師古曰：「朐音劬。」

〔六〕師古曰：「宕音徒浪反。」

〔七〕應劭曰：「復音腹。」

〔八〕師古曰：「涪音浮。」

校勘記

一五三三頁四行　先王（以）建萬國，親諸侯。　景祐本無「以」字。

一五三三頁一一行　褒字與（古）懷（字）同。　景祐本無「古」「字」二字。

一五二九頁一三行　（畝魚）〔畎畝〕之治也。　景祐、殿本都作「畎畝」。　王先謙說作「畎畝」是。

一五三〇頁二行　砥音指，又音（祗）〔抵〕。　景祐、殿本都作「抵」。　王先謙說作「抵」是。

一五三〇頁三行　楛音（枯）〔怙〕。　景祐、殿本都作「怙」。　王先謙說作「怙」是。

一五三二頁一二行　蔡、蒙，二（水）〔山〕名。　景祐、殿、局本都作「山」。　王先謙說作「山」是。

一五三二頁一六行　又貢（維）〔雜〕厥。　景祐、殿本都作「雜」。　王先謙說作「雜」是。

一五三四頁六行　敷淺原，一名（博）〔傅〕陽山，　景祐、殿本都作「傅」。　王先謙說作「傅」是。

一五三七頁六行　二百里（納）〔內〕銍。　景祐、殿本都作「內」。

一五四三頁三行　凡十三（郡）〔部〕，楊樹達說「郡」字誤，當作「部」。按景祐、殿、局本都作「部」。

一五四四頁三行　（師）古曰茲水，秦穆公更名以章霸功，視子孫。　錢大昕說「古」下皆班氏本文，「師」字後人妄加，「沂音」上則當有「師古曰」三字。

一五四六頁八行　郇左氏傳所云（伐秦）〔秦伐〕晉取武城者也。　景祐、殿、局本都作「秦伐」。

一五四七頁七行　舜妻（盲）〔育〕冢祠。　梁玉繩說竹書舜三十年葬后育於渭，育乃后名，「盲」必「育」之誤。

一五四七頁七行　〔詩曰「自杜」。〕　四字據景祐本補。

一五四七頁九行　詩芮（阸）〔阸〕，　景祐、殿本都作「阸」。　段玉裁說作「阸」是。注同。

一五四七頁一三行　有垂山、斜水、（淮）〔褱〕水祠三所。　汪士鐸、王先謙都說「淮水」當作「褱水」。按與上文合。

一五四八頁二行　音（貽）〔胎〕。　景祐、殿本都作「胎」。王鳴盛說作「胎」是。

一五五〇頁九行　有班氏（香）〔鄉〕亭。　景祐、殿本都作「鄉」。朱一新說作「鄉」是。

一五五二頁四行　（河圭）〔句注〕、賈屋山在北。　王念孫說「河主」當作「句注」。　王先謙說王說是。

一五五三頁二行　入（青）〔清〕漳。　景祐、殿本都作「清」。王鳴盛說作「清」是。

一五五四頁七行　自（僕）〔濮〕陽徙此。　景祐、殿本都作「濮」。　王先謙說作「濮」是。

一五五五頁一〇行　春秋昭公(二)〔三〕十(一)〔二〕年，　王鳴盛說「二十一年」南監本作「二十二年」，當作「三十二年」。

一五五七頁一一行　(畔)觀，　陳景雲、王先謙都說「畔」字衍。

一五五七頁一四行　有(涑)〔泲〕廟。　王先謙說「涑」當爲「泲」。按景祐、殿、局本都作「泲」。

一五五八頁三行　丘一成爲頓丘，謂一(成)〔頓〕而成也。　景祐、殿、局本都作「頓」。王鳴盛說作「頓」是。

一五五八頁一一行　世祖(父叔)〔叔父〕名良，　景祐、殿本都作「叔父」。

一五五八頁一六行　濮渠水首受(涑)〔泲〕，　同上。

一五六一頁一一行　〔師古曰〕：「休音許虬反。」　錢大昭說「休」字上脫「師古曰」三字。

一五六三頁一四行　戶三十五萬九千(二)〔三〕百一十六，　景祐、殿本都作「三」。

一五六四頁五行　東南至淮(陵)〔浦〕入海，　齊召南說「淮陵」當作「淮浦」，各本俱誤。王先謙說齊說是。

一五六六頁九行　後十世秦拔我郢，徙(東)〔陳〕。　齊召南說「東」當作「陳」，各本俱誤。

一五七〇頁一三行　(淮)〔包〕水東北至(泲)〔沛〕入泗。　王先謙說「淮」當作「泡」。按景祐、殿本都作「包」。齊召南說「泲」蓋「沛」字之訛，水經泗水注引此文云「泡水東北至沛入泗」是也。

一五七一頁八行　戶二十九萬二(千)〔十〕五，　景祐、殿本都作「十」。

一五七一頁一〇行　有堯(家)〔冢〕靈臺。　錢大昭說「家」當作「冢」。按景祐、殿、局本都作「冢」。

一五七二頁九行　莽曰(有)〔育〕成。　景祐、殿本都作「育」。王念孫說當爲「肴」字之誤。

一五七三頁七行　明帝更名(犬)〔大〕丘。　汪士鐸說「犬」當作「大」。按景祐、殿本都作「大」。

一五七五頁五行　嘗分爲(涇)〔經〕縣。　景祐、殿本都作「經」。

一五七六頁四行　(石)濟水所出，　王念孫說「石」字衍。

一五七六頁四行　逢山長谷，(諸)〔渚〕水所出，　景祐本作「渚」。

一五七七頁一五行　桃水(受首)〔首受〕淶水，　景祐、殿本都作「首受」。

一五七九頁四行　「侯國」二字據景祐、殿本補。

一五八〇頁二行　讀與(耿)〔隔〕同。　景祐、殿本都作「隔」。

一五八一頁三行　蔡謨音由，音(鷃)〔鴞〕。　景祐、殿本都作「鴞」。

一五八一頁一六行　(求山上)〔兗州山〕。　錢大昕說「求山上」三字爲「兗州山」之譌。

一五八二頁一行　臨樂(于)〔子〕山，洙水所出，　景祐、殿本都作「子」。

一五八二頁三行　東至(傳)〔博〕昌入泲，幽(川)〔州〕寖。　景祐、殿本作「博」作「州」，此誤。

一五八五頁二行　居上山，聲洋(丹)水所出，　王先謙說「丹」是衍文。

一五八五頁六行　莽曰(來)〔東〕萊亭。　景祐、殿本都作「東」。王先謙說作「東」是。

一五八六頁二行　(存)〔有〕四時祠。　錢大昭說「存」當作「有」。按景祐、殿本都作「有」。

一五八六頁三行　雩(段)〔叚〕，　王先謙說據顏注「段」當作「叚」。按景祐本正作「叚」，注同。

一五八六頁四行　秦地圖曰劇清(地)〔池〕，　據王先謙補注引于欽齊乘，「地」當作「池」。

一五八六頁七行　至(昌)都〔昌〕入海，　殿本作「都昌」。錢大昭說作「都昌」是。

一五八六頁一一行　莽曰蒲(睦)〔陸〕。　景祐、殿本都作「陸」。周壽昌說作「陸」是。

一五八七頁二行　城諸(入)〔及〕鄆者。　景祐、殿本都作「及」。王先謙說作「及」是。

一五八八頁三行　(萬)〔葛〕嶧山在西。　景祐、殿本都作「葛」。王先謙說作「葛」是。

一五九〇頁一三行　〔師古曰〕：「櫟音朔。」　齊召南說上脫「師古曰」三字，各本俱誤。

一五九四頁四行　(眷)〔春〕山，(眷)〔春〕水所出，　景祐、殿本都作「春」。王先謙說作「春」是。

一五九四頁五行　滙水南至四會入鬱(林)，　景祐本無「林」字。王念孫說無「林」字是。

一五九七頁二行　洒水出武(昌)〔都〕，　景祐、殿本都作「都」。王鳴盛說作「都」是。

一五九九頁一行　「師古曰」三字據景祐、殿本補。

一六〇〇頁六行　(則)〔有〕禺同山，　王先謙說「則」當作「有」。

一六〇一頁四行　南山臘〔谷〕，涂水所出，　王先謙說「臘」下脫「谷」字。按各本都脫。

一六〇三頁二行　容毋水所出，南〔入江〕。　王先謙說「南」下脫「入江」二字。

一六〇三頁一三行　不曹水出東北〔徐谷〕，南入瀙(徐谷)。　王先謙說「徐谷」二字當在「東北」之下。

漢書卷二十八下

地理志第八下

武都郡，武帝元鼎六年置。莽曰樂平。〔一〕戶五萬一千三百七十六，口二十三萬五千五百六十。縣九：武都，東漢水受氐道水，一名沔，過江夏，謂之夏水，入江。天池大澤在縣西。莽曰循虜。〔二〕上祿，故道，莽曰善治。河池，泉街水南至沮入漢，行五百二十里。莽曰樂平亭。〔三〕平樂道，沮，沮水出東狼谷，南至沙羨南入江，過郡五，行四千里，荆州川。〔四〕嘉陵道，循成道，下辨道。莽曰楊德。〔五〕

〔一〕應劭曰：「故白馬氐羌。」

〔二〕師古曰：「以有天池大澤，故謂之都。」

〔三〕師古曰：「華陽國志云一名仇池，地方百頃。」

〔四〕師古曰：「沮音千余反。羨音夷。」

〔五〕師古曰：「辨音步見反。」

隴西郡，秦置。莽曰厭戎。〔一〕戶五萬三千九百六十四，口二十三萬六千八百二十四。有鐵官、鹽官。縣十一：狄道，白石山在東。莽曰操虜。〔二〕上邽，〔三〕安故，氐道，禹貢養水所出，至武都爲漢。莽曰亭道。〔四〕首陽，禹貢鳥鼠同穴山在西南，渭水所出，東至船司空入河，過郡四，行千八百七十里，雍州寖。予道，莽曰德道。大夏，莽曰順夏。羌道，羌水出塞外，南至陰平入白水，過郡三，行六百里。〔五〕襄武，莽曰相桓。臨洮，洮水出西羌中，北至枹罕東入〔西〕〔河〕。禹貢西頃山在縣西，南部都尉治也。〔六〕西。禹貢嶓冢山，西漢所出，南入廣漢白水，東南至江州入江，過郡四，行二千七百六十里。莽曰西治。

〔一〕應劭曰：「有隴坻，在其西也。」師古曰：「隴坻謂隴阪，卽今之隴山也。此郡在隴之西，故曰隴西。坻音丁計反，又音底。」

〔二〕師古曰：「其地有狄種，故云狄道。」

〔三〕應劭曰：「史記故邽戎邑也。」師古曰：「邽音圭。」

〔四〕師古曰：「氐，夷種名也。氐之所居，故曰氐道。氐音丁溪反。養音弋向反，字本作瀁，或作瀁。」

〔五〕師古曰：「水經云羌水出羌中參谷。」

〔六〕師古曰：「洮音吐高反。枹讀曰膚。頃讀曰傾。」

金城郡，昭帝始元六年置。莽曰西海。〔一〕戶三萬八千四百七十，口十四萬九千六百四十八。縣十三：允吾，烏亭逆水出參街谷，東至枝陽入湟。莽曰修遠。〔二〕浩亹，浩亹水出西塞外，東至允吾入湟水。莽曰興武。〔三〕令居，澗水出西北塞外，至縣西南，入鄭伯津。莽曰罕虜。〔四〕枝陽，金城，莽曰金屏。榆中，枹罕，〔五〕白石，離水出西塞外，東至枹罕入河。莽曰順礫。〔六〕河關，積石山在西南羌中。河水行塞外，東北入塞內，至章武入海，過郡十六，行九千四百里。破羌，宣帝神爵二年置。安夷，允街，宣帝神爵二年置。莽曰修遠。〔七〕臨羌。西北至塞外，有西王母石室、僊海、鹽池。北則湟水所出，東至允吾入河。西有須抵池，有弱水、昆侖山祠。莽曰鹽羌。〔八〕

〔一〕應劭曰：「初築城得金，故曰金城。」臣瓚曰：「稱金，取其堅固也，故墨子曰『雖金城湯池』。」師古曰：「瓚說是也。一云，以郡在京師之西，故謂金城。金，西方之行。」

〔二〕應劭曰：「允吾音鈆牙。」

〔三〕孟康曰：「浩亹音合門。」師古曰：「浩音誥。浩，水名也。亹者，水流峽山，岸深若門也。詩大雅曰『鳧鷖在亹』，亦其義也。今俗呼此水爲閤門河，蓋疾言之，浩爲閤耳。湟音皇。」

〔四〕孟康曰：「令音連。」師古曰：「令音零。」

〔五〕應劭曰：「故罕羌侯邑也。枹音鈇。」師古曰：「讀曰膚，本枹鼓字也。其字從木。」

〔六〕應劭曰：「白石山在東。」

〔七〕孟康曰：「允音鈆。」

〔八〕師古曰：「闞駰云西有(畢)〔卑〕和羌，即獻王莽地爲西海郡者也。抵音丁禮反。」

天水郡，武帝元鼎三年置。莽曰塡戎。明帝改曰漢陽。〔一〕戶六萬三百七十，口二十六萬一千三百四十八。縣十六：平襄，莽曰平相。〔二〕街泉，戎邑道，莽曰塡戎亭。望垣，莽曰望亭。罕幵，〔三〕緜諸道，阿陽，略陽道，冀，禹貢朱圄山在縣南梧中聚。莽曰冀治。〔四〕勇士，屬國都尉治滿福。莽曰紀德。〔五〕成紀，清水，莽曰識睦。奉捷，隴，〔六〕豲道，騎都尉治密艾亭。〔七〕蘭干。莽曰蘭盾。

〔一〕師古曰：「秦州地記云郡前湖水冬夏無增減，因以名焉。塡音竹眞反。其後並同。」

〔二〕師古曰：「闞駰云故襄戎邑也。」

〔三〕應劭曰：「音羌肩反。」師古曰：「本破罕幵之羌，處其人於此，因以名云。」

〔四〕師古曰：「續漢郡國志云有緹羣山、落門聚。圄讀與圉同。」

〔五〕師古曰：「即今土俗呼爲健士者也。隨室之初避皇太子諱，因而遂改。」

〔六〕師古曰：「今呼隴城縣者也。」

〔七〕應劭曰：「豲，戎邑也，音完。」

武威郡，故匈奴休屠王地。武帝太初四年開。莽曰張掖。〔一〕戶萬七千五百八十一，口七萬六千四百一十九。縣十：姑臧，南山，谷水所出，北至武威入海，行七百九十里。張掖，武威，休屠澤在東北，古文以爲豬壄澤。休屠，莽曰晏然。都尉治熊水障。北部都尉治休屠城。揟次，莽曰播德。〔二〕鸞(鳥)〔烏〕，撲劇，莽曰敷虜。〔三〕媼圍，蒼柗，南山，柗陝水所出，北至揟次入海。莽曰射楚。〔四〕宣威。

〔一〕師古曰：「休音許虯反。屠音直閭反。其後並同。」

〔二〕孟康曰：「搢音子如反。㳄音咨，諸本作恣。」

〔三〕孟康曰：「音蒲環。」

〔四〕師古曰：「枀，古松字也。陝音下夾反，兩山之間也。松陝，陝名。」

張掖郡，故匈奴昆邪王地，武帝太初元年開。莽曰設屏。〔一〕戶二萬四千三百五十二，口八萬八千七百三十一。縣十：觻得，千金渠西至樂涫入澤中。羌谷水出羌中，東北至居延入海，過郡二，行二千一百里。莽曰官式。〔二〕昭武，莽曰渠武。刪丹，桑欽以爲道弱水自此，西至酒泉合黎。莽曰貫虜。氐池，莽曰否武。屋蘭，莽曰傳武。（目）〔日〕勒，都尉治澤索谷。莽曰勒治。〔三〕驪靬，莽曰揭虜。〔四〕番和，農都尉治。莽曰羅虜。〔五〕居延，居延澤在東北，古文以爲流沙。都尉治。莽曰居成。〔六〕顯美。

〔一〕應劭曰：「張國臂掖，故曰張掖也。」師古曰：「昆音胡門反。」

〔二〕應劭曰：「觻得渠西入澤羌谷。」孟康曰：「觻音鹿。」師古曰：「孟音是也。涫音官。其下並同。」

〔三〕師古曰：「澤音鐸。索音先各反。」

〔四〕李奇曰：「音遲虔。」如淳曰：「音弓軒。」師古曰：「驪音力遲反。靬音虔是也。今其土俗人呼驪靬，疾言之曰力虔。揭音其謁反。」

〔五〕如淳曰：「番音盤。」

〔六〕師古曰：「闞駰云武帝使伏波將軍路博德築遮虜障於居延城。」

酒泉郡，武帝太初元年開。莽曰輔平。〔一〕戶萬八千一百三十七，口七萬六千七百二十六。縣九：祿福，呼蠶水出南羌中，東北至會水入羌谷。莽曰顯德。表是，莽曰載武。樂涫，莽曰樂亭。天㑀，〔二〕玉門，莽曰輔平亭。〔三〕會水，北部都尉治偃(前)〔泉〕障。東部都尉治東部障。莽曰蕭武。〔四〕池頭，綏彌，〔五〕乾齊。西部都尉治西部障。莽曰測虜。〔六〕

〔一〕應劭曰：「其水若酒，故曰酒泉也。」師古曰：「舊俗傳云城下有金泉，泉味如酒。」

〔二〕師古曰：「音衣。此地有天㑀阪，故以名。」

〔三〕師古曰：「闞駰云漢罷玉門關屯，徙其人於此。」

〔四〕師古曰：「闞駰云衆水所會，故曰會水。」

〔五〕如淳曰：「今曰安彌。」

〔六〕孟康曰：「乾音干。」

敦煌郡，武帝後元年分酒泉置。正西關外有白龍堆沙，有蒲昌海。莽曰敦德。〔一〕戶萬一千二百，口三萬八千三百三十五。縣六：敦煌，中部都尉治步廣候官。杜林以爲古瓜州地，生美瓜。莽曰敦德。〔二〕冥安，南籍端水出南羌中，西北入其澤，溉民田。〔三〕效穀，〔四〕淵泉，〔五〕廣至，宜禾都尉治昆侖障。莽曰廣桓。龍勒，有陽關、玉門關，皆都尉治。氐置水出南羌中，東北入澤，溉民田。

〔一〕應劭曰：「敦，大也。煌，盛也。敦音屯。」

〔二〕師古曰：「即春秋左氏傳所云『允姓之戎居于瓜州』者也。其地今猶出大瓜，長者狐入瓜中食之，首尾不出。」

〔三〕應劭曰：「冥水出北，入其澤。」

〔四〕師古曰：「本漁澤障也。桑欽說孝武元封六年濟南崔不意爲魚澤尉，教力田，以勤效得穀，因立爲縣名。」

〔五〕師古曰：「闞駰云地多泉水，故以爲名。」

安定郡，武帝元鼎三年置。戶四萬二千七百二十五，口十四萬三千二百九十四。縣二十一：高平，莽曰鋪睦。復累，〔一〕安俾，〔二〕撫夷，莽曰撫寧。朝那，有端旬祠十五所，胡巫祝。又有湫淵祠。〔三〕涇陽，幵頭山在西，禹貢涇水所出，東南至陽陵入渭，過郡三，行千六十里，雍州川。〔四〕臨涇，莽曰監涇。鹵，灈水出西。〔五〕烏氏，烏水出西，北入河。都盧山在西。莽曰烏亭。〔六〕陰密，詩密人國。有囂安亭。〔七〕安定，參䜌，主騎都尉治。〔八〕三水，屬國都尉治。有鹽官。莽曰廣延亭。陰槃，安武，莽曰安桓。祖厲，莽曰鄉禮。〔九〕爰得，眴卷，河水別出爲河溝，東至富平北入河。〔一〇〕彭陽，鶉陰，月(支)〔氏〕道。莽曰月順。〔一一〕

〔一〕師古曰：「復音服。累音力追反。」

〔二〕孟康曰：「俾音卑。」

〔三〕應劭曰：「史記故戎那邑也。」師古曰：「湫音子由反。」

〔四〕師古曰：「幵音苦見反，又音牽。此山在今靈州東南，土俗語訛謂之汧屯山。」

〔五〕師古曰：「灈音其于反。」

〔六〕師古曰：「氏音支。」

〔七〕師古曰：「即詩大雅所云『密人不恭，敢距大邦』者。」

〔八〕師古曰：「繇音力全反。」

〔九〕應劭曰：「祖音(置)〔罝〕。」師古曰：「厲音賴。」

〔一〇〕應劭曰：「眴音旬日之旬。卷音箘簬之箘。」

〔一一〕應劭曰：「氏音支。」

北地郡，秦置。莽曰威成。戶六萬四千四百六十一，口二十一萬六百八十八。縣十九：馬領，〔一〕直路，沮水出(東，西)〔西，東〕入洛。靈武，莽曰威成亭。富平，北部都尉治神泉障。渾懷都尉治塞外渾懷障。莽曰特武。〔二〕靈州，惠帝四年置。有河奇苑、號非苑。莽曰令周。〔三〕眴衍，〔四〕方渠，除道，莽曰通道。五街，莽曰吾街。鶉孤，歸德，洛水出北蠻夷中，入河。有堵苑、白馬苑。回獲，略畔道，莽曰延年道。〔五〕泥陽，莽曰泥陰。〔六〕郁郅，泥水出北蠻夷中。有牧師菀官。莽曰功著。〔七〕義渠道，莽曰義溝。弋居，有鹽官。大𡝤，〔八〕廉。卑移山在西北。莽曰西河亭。

〔一〕師古曰：「川形似馬領，故以為名。領，頸也。」

〔二〕師古曰：「渾音胡昆反。」

〔三〕師古曰：「苑謂馬牧也。水中可居者曰州。此地在河之州，隨水高下，未嘗淪沒，故號靈州，又曰河奇也。二苑皆在北焉。」

〔四〕應劭曰：「昫音煦。」師古曰：「音香于反。」

〔五〕師古曰：「有略畔山，今在慶州界，其土俗呼曰洛盤，音訛耳。」

〔六〕應劭曰：「泥水出郁郅北蠻中。」

〔七〕師古曰：「郁音於六反。郅音之日反。」

〔八〕師古曰：「𡡏即古要字也，音一遙反。」

上郡，秦置，高帝元年更為翟國，七月復故。匈歸都尉治塞外匈歸障。屬并州。〔一〕戶十萬三千六百八十三，口六十萬六千六百五十八。縣二十三：膚施，有五龍山、帝、原水、黃帝祠四所。獨樂，有鹽官。陽周，橋山在南，有黃帝冢。莽曰上陵畤。木禾，平都，淺水，莽曰廣信。京室，莽曰積粟。洛都，莽曰卑順。白土，圜水出西，東入河。莽曰黃土。〔二〕襄洛，莽曰上黨亭。原都，漆垣，莽曰漆牆。奢延，莽曰奢節。雕陰，〔三〕推邪，莽曰排邪。〔四〕楨林，莽曰楨幹。〔五〕高望，北部都尉治。莽曰堅寧。雕陰道，龜茲，屬國都尉治。有鹽官。〔六〕定陽，〔七〕高奴，有洧水，可𪊨。莽曰利平。〔八〕望松，北部都尉治。宜都。莽曰堅寧小邑。

〔一〕師古曰：「匈歸者，言匈奴歸附。」

〔二〕師古曰：「圜音銀。其釋在下。」

〔三〕應劭曰：「雕山在西南。」

〔四〕師古曰：「邪音似嗟反。」

〔五〕師古曰：「楨音貞。」

〔六〕應劭曰：「音丘慈。」師古曰：「龜茲國人來降附者，處之於此，故以名云。」

〔七〕應劭曰：「在定水之陽。」

〔八〕師古曰：「爇，古然火字。」

西河郡，武帝元朔四年置。南部都尉治塞外翁龍、埤是。莽曰歸新。屬并州。〔一〕戶十三萬六千三百九十，口六十九萬八千八百三十六。縣三十六：富昌，有鹽官。莽曰富成。騶虞，鵠澤，〔二〕平定，莽曰陰平亭。美稷，屬國都尉治。中陽，樂街，莽曰截虜。徒經，莽曰廉恥。皋狼，大成，莽曰好成。廣田，莽曰廣翰。圜陰，惠帝五年置。莽曰方陰。〔三〕益闌，莽曰香闌。平周，鴻門，有天封苑火井祠，火從地出也。藺，宣武，莽曰討貉。千章，增山，有道西出眩雷塞，北部都尉治。〔四〕圜陽，〔五〕廣衍，武車，莽曰桓車。虎猛，西部都尉治。離石，穀羅，武澤在西北。饒，莽曰饒衍。方利，莽曰廣德。隰成，莽曰慈平亭。臨水，莽曰(堅)〔監〕水。土軍，西都，莽曰五原亭。平陸，陰山，莽曰山寧。觬是，莽曰伏觬。〔六〕博陵，莽曰助桓。鹽官。

〔一〕師古曰：「翁龍、埤是，二障名也。埤音婢。」

〔二〕孟康曰：「鵠音告。」師古曰：「音古督反。」

〔三〕師古曰：「圜字本作圁，縣在圁水之陰，因以為名也。王莽改為方陰，則是當時已誤為圜字。今有銀州、銀水，即是舊名猶存，但字變耳。」

〔四〕師古曰：「眩音州縣之縣。」

〔五〕師古曰：「此縣在圁水之陽。」

〔六〕蘇林曰：「音麗。」師古曰：「鯢音倪，其字從角。」

朔方郡，武帝元朔二年開。西部都尉治窳渾。莽曰溝搜。屬并州。〔一〕戶三萬四千三百三十八，口十三萬六千六百二十八。縣十：三封，武帝元狩三年城。朔方，金連鹽澤、青鹽澤皆在南。莽曰武符。修都，臨河，莽曰監河。呼遒，〔二〕窳渾，有道西北出雞鹿塞。屠申澤在東。莽曰極武。渠搜，中部都尉治。莽曰溝搜。沃壄，武帝元狩三年城。有鹽官。莽曰綏武。廣牧，東部都尉治。莽曰鹽官。臨戎，武帝元朔五年城。莽曰推武。

〔一〕師古曰：「窳音庾。渾音魂。」

〔二〕師古曰：「遒音在由反。」

五原郡，秦九原郡，武帝元朔二年更名。東部都尉治稒陽。莽曰獲降。屬并州。〔一〕戶三萬九千三百二十二，口二十三萬一千三百二十八。縣十六：九原，莽曰成平。固陵，莽曰固調。五原，莽曰塡河亭。臨沃，莽曰振武。文國，莽曰繁聚。河陰，蒱澤，屬國都尉治。南興，莽曰南利。武都，莽曰桓都。宜梁，曼柏，莽曰延柏。〔二〕成宜，中部都尉治原高，西部都尉治田辟。有鹽官。莽曰艾虜。〔三〕稒陽，北出石門障得光祿城，又西北得支就城，又西北得頭曼城，又西北得虖河城，又西得宿虜城。莽曰固陰。〔四〕莫䵣，〔五〕西安陽，莽曰鄣安。河目。

〔一〕師古曰：「稒音固。」

〔二〕師古曰：「曼音萬。」

〔三〕師古曰：「辟讀曰壁。艾讀曰刈。」

〔四〕師古曰：「曼音莫安反。虖音呼。」

〔五〕如淳曰：「音忉怛。」師古曰：「音丁葛反。」

雲中郡，秦置。莽曰受降。屬并州。戶三萬八千三百三，口十七萬三千二百七十。縣十一：雲中，莽曰遠服。咸陽，莽曰賁武。陶林，東部都尉治。楨陵，緣胡山在西北。西部都尉治。莽曰楨陸。犢和，沙陵，莽曰希恩。原陽，沙南，北輿，中部都尉治。〔一〕武泉，莽曰順泉。陽壽。莽曰常得。

〔一〕師古曰：「闞駰云廣陵有輿，故此加北。」

定襄郡，高帝置。莽曰得降。屬并州。戶三萬八千五百五十九，口十六萬三千一百四十四。縣一十二：成樂，桐過，莽曰椅桐。〔一〕都武，莽曰通德。武進，白渠水出塞外，西至沙陵入河。西部都尉治。莽曰伐蠻。襄陰，武皋，荒干水出塞外，西至沙陵入河。中部都尉治。莽曰永武。駱，莽曰遮要。定陶，莽曰迎符。武城，莽曰桓就。武要，東部都尉治。莽曰厭胡。〔二〕定襄，莽曰著武。復

陸。莽曰聞武。〔三〕

〔一〕師古曰：「過音工禾反。」

〔二〕師古曰：「猒音一葉反。其下並同。」

〔三〕師古曰：「復音服。」

鴈門郡，秦置。句注山在陰館。莽曰塡狄。屬幷州。戶七萬三千一百三十八，口二十九萬三千四百五十四。縣十四：善無，莽曰陰館。沃陽，鹽澤在東北，有長丞。西部都尉治。莽曰敬陽。繁時，莽曰當要。〔一〕中陵，莽曰遮害。陰館，樓煩鄉。景帝後三年置。累頭山，治水所出，東至泉州入海，過郡六，行千一百里。莽曰富代。〔二〕樓煩，有鹽官。〔三〕武州，莽曰桓州。汪陶，〔四〕劇陽，莽曰善陽。崞，莽曰崞張。〔五〕平城，東部都尉治。莽曰平順。埒，莽曰塡狄亭。馬邑，莽曰章昭。〔六〕彊陰。諸聞澤在東北。莽曰伏陰。

〔一〕師古曰：「時音止。」

〔二〕師古曰：「累音力追反。治音弋之反。燕剌王傳作台字。」

〔三〕應劭曰：「故樓煩胡地。」

〔四〕孟康曰：「音汪。」

〔五〕孟康曰：「音郭。」

〔六〕師古曰：「晉太康地記云秦時建此城輒崩不成，有馬周旋馳走反覆，父老異之，因依以築城，遂名爲馬邑。」

代郡，秦置。莽曰厭狄。有五原關、常山關。屬幽州。〔一〕戶五萬六千七百七十一，口二十七萬八千七百五十四。縣十八：桑乾，莽曰安德。〔二〕道人，莽曰道仁。〔三〕當城，〔四〕高柳，西部都尉治。馬城，東部都尉治。班氏，秦地圖書班氏。莽曰班副。延陵，狋氏，莽曰狋聚。〔五〕且如，于延水出塞外，東至寧入沽。中部都尉治。〔六〕平邑，莽曰平胡。陽原，東安陽，莽曰竟安。〔七〕參合，平舒，祁夷水北至桑乾入沽。莽曰平葆。代，莽曰厭狄亭。〔八〕靈丘，滱河東至文安入大河，過郡五，行九百四十里。幷州川。〔九〕廣昌，淶水東南至容城入河，過郡三，行五百里，幷州寖。莽曰廣屏。〔一〇〕鹵城，虖池河東至參（合）〔戶〕入虖池別，過郡九，行千三百四十里，幷州川。從河東至文安入海，過郡六，行千三百七十里。莽曰魯盾。〔一一〕

〔一〕應劭曰：「故代國。」

〔二〕孟康曰：「乾音干。」

〔三〕師古曰：「本有仙人遊其地，因以爲名。」

〔四〕師古曰：「闞駰云當桓都城，故曰當城。」

〔五〕孟康曰：「狋音權。氏音精。」

〔六〕師古曰：「且音子如反。沽音姑，又音故。」

〔七〕師古曰：「闞駰云五原有安陽，故此加東也。」

〔八〕應劭曰：「故代國。」

〔九〕應劭曰：「武靈王葬此，因氏焉。」臣瓚曰：「靈丘之號在趙武靈王之前也。」師古曰：「瓚說是也。滱音寇，又音苦侯反。其下並同。」

〔一〇〕師古曰：「淶音來。」

〔一一〕師古曰：「虖音呼。池音徒河反。」

上谷郡，秦置。莽曰朔調。屬幽州。戶三萬六千八，口十一萬七千七百六十二。縣十五：沮陽，莽曰沮陰。〔一〕泉上，莽曰塞泉。潘，莽曰樹武。〔二〕軍都，溫餘水東至路，南入沽。居庸，有關。雊瞀，〔三〕夷輿，莽曰朔調亭。寧，西部都尉治。莽曰博康。昌平，莽曰長昌。廣寧，莽曰廣康。涿鹿，莽曰拸陸。〔四〕且居，（樂陽）〔陽樂〕水出東，（東）〔南〕入（海）〔沽〕。莽曰久居。茹，莽曰穀武。女祁，東部都尉治。莽曰祁。下落。莽曰下忠。

〔一〕孟康曰：「音組。」

〔二〕師古曰：「音普半反。」

〔三〕孟康曰：「音句無。」師古曰：「雊音工豆反。瞀音莫豆反。」

〔四〕應劭曰：「黃帝與蚩尤戰于涿鹿之野。」

漁陽郡，秦置。莽曰（北順）〔通路〕。屬幽州。戶六萬八千八百二，口二十六萬四千一百一十六。縣十二：漁陽，沽水出塞外，東南至泉州入海，行七百五十里。有鐵官。莽曰得漁。狐奴，莽曰舉符。路，莽曰通路亭。雍奴，泉州，有鹽官。莽曰泉調。平谷，安樂，厗奚，莽曰敦德。〔一〕獷平，莽曰平獷。〔二〕要陽，都尉治。莽曰要術。〔三〕白檀，洫水出北蠻夷。〔四〕滑鹽。莽曰匡德。〔五〕

〔一〕孟康曰：「厗音題，字或作蹏。」

〔二〕服虔曰：「獷音鞏。」師古曰：「音九永反，又音穬。」

〔三〕師古曰：「音一妙反。」

〔四〕師古曰：「洫音呼鶪反。」

〔五〕應劭曰：「明帝改名鹽。」

右北平郡，秦置。莽曰北順。屬幽州。戶六萬六千六百八十九，口三十二萬七百八十。縣十六：平剛，無終，故無終子國。浭水西至雍奴入海，過郡二，行六百五十里。〔一〕石成，廷陵，莽曰鋪武。俊靡，灅水南至無終東入庚。莽曰俊麻。〔二〕薋，都尉治。莽曰裒睦。〔三〕徐無，莽曰北順亭。字，榆水出東。土垠，〔四〕白狼，莽曰伏狄。〔五〕夕陽，有鐵官。莽曰夕陰。昌城，莽曰淑武。驪成，大揭石山在縣西南。莽曰揭石。〔六〕廣成，莽曰平虜。聚陽，莽曰篤睦。平明。莽曰平陽。

〔一〕師古曰：「浭音庚，即下所云入庚者同一水也。」

〔二〕師古曰：「灅音力水反，又音郎賄反。」

〔三〕師古曰：「音才私反。」

〔四〕師古曰：「垠音銀。」

〔五〕師古曰：「有白狼山，故以名縣。」

〔六〕師古曰：「揭音桀。」

遼西郡，秦置。有小水四十八，并行三千四十六里。屬幽州。戶七萬二千六百五十四，口三十五萬二千三百二十五。縣十四：且慮，有高廟。莽曰鉏慮。〔一〕海陽，龍鮮水東入封大水。封大水、緩虛水皆南入海。有鹽官。新安平，夷水東入塞外。柳城，馬首山在西南。參柳水北入海。西部都尉治。令支，有孤竹城。莽曰令氏亭。〔二〕肥如，玄水東入濡水。濡水南入海陽。又有盧水，南入玄。莽曰肥而。〔三〕賓從，莽曰勉武。交黎，渝水首受塞外，南入海。東部都尉治。莽曰禽虜。〔四〕陽樂，狐蘇，唐就水至徒河入海。徒河，莽曰河福。文成，莽曰言虜。臨渝，渝水首受白狼，東入塞外。又有侯水，北入渝。莽曰馮德。〔五〕絫。下官水南入海。又有揭石水、賓水，皆南入官。莽曰選武。〔六〕

〔一〕師古曰：「且音子余反。慮音廬。」

〔二〕應劭曰：「故伯夷國，今有孤竹城。令音鈴。」孟康曰：「支音秖。」師古曰：「令又音郎定反。」

〔三〕應劭曰：「肥子奔燕，燕封於此也。」師古曰：「濡音乃官反。」

〔四〕應劭曰：「今昌黎。」師古曰：「渝音喻。其下並同。」

〔五〕師古曰：「馮讀曰憑。」

〔六〕師古曰：「絫音力追反。」

遼東郡，秦置。屬幽州。戶五萬五千九百七十二，口二十七萬二千五百三十九。縣十八：襄平，有牧師官。莽曰昌平。新昌，無慮，西部都尉治。〔一〕望平，大遼水出塞外，南至安市入海，行千二百五十里。莽曰長說。〔二〕房，候城，中部都尉治。遼隊，莽曰順睦。〔三〕遼陽，大梁水西南至遼陽入遼。莽曰遼陰。險瀆，〔四〕居就，室僞山，室僞水所出，北至襄平入梁也。高顯，安市，武次，東部都尉治。莽曰桓次。平郭，有鐵官、鹽官。西安平，莽曰北安平。文，莽曰（受）〔文〕亭。番汗，沛水出塞外，西南入海。〔五〕沓氏。〔六〕

〔一〕應劭曰：「慮音閭。」師古曰：「即所謂醫巫閭。」

〔二〕師古曰：「說讀曰（倪）〔悅〕。」

〔三〕師古曰：「隊音遂。」

〔四〕應劭曰：「朝鮮王滿都也。依水險，故曰險瀆。」臣瓚曰：「王險城在樂浪郡浿水之東，此自是險瀆也。」師古曰：「瓚說是也。浿音普大反。」

〔五〕應劭曰：「汗水出塞外，西南入海。番音盤。」師古曰：「沛音普蓋反。汗音寒。」

〔六〕應劭曰：「氏水也。音長答反。」師古曰：「凡言氏者，皆謂因之而立名。」

玄菟郡，武帝元封四年開。高句驪，莽曰下句驪。屬幽州。〔一〕戶四萬五千六，口二十二萬一千八百四十五。縣三：高句驪，遼山，遼水所出，西南至遼隊入大遼水。又有南蘇水，西北經塞外。〔二〕上殷台，莽曰下殷。〔三〕西蓋馬。馬訾水西北入鹽難水，西南至西安平入海，過郡二，行二千一百里。莽曰玄菟亭。

〔一〕應劭曰：「故眞番，朝鮮胡國。」

〔二〕應劭曰：「故句驪胡。」

〔三〕如淳曰：「台音鮐。」師古曰：「音胎。」

樂浪郡，武帝元封三年開。莽曰樂鮮。屬幽州。〔一〕戶六萬二千八百一十二，口四十萬六千七百四十八。有雲鄣。縣二十五：朝鮮，〔二〕讑邯，〔三〕浿水，水西至增地入海。莽曰樂鮮亭。〔四〕含資，帶水西至帶方入海。黏蟬，〔五〕遂成，增地，莽曰增土。帶方，駟望，海冥，莽曰海桓。列口，長岑，屯有，昭明，南部都尉治。鏤方，提奚，渾彌，〔六〕呑列，分黎山，列水所出，西至黏蟬入海，行八百二十里。東暆，〔七〕不而，東(郡)〔部〕都尉治。蠶台，〔八〕華麗，邪頭昧，〔九〕前莫，夫租。

〔一〕應劭曰：「故朝鮮國也。」師古曰：「樂音洛。浪音狼。」

〔二〕應劭曰：「武王封箕子於朝鮮。」

〔三〕孟康曰：「讑音男。」師古曰：「讑音乃甘反。邯音酣。」

〔四〕師古曰：「浿音普大反。」

〔五〕服虔曰：「蟬音提。」

〔六〕師古曰：「渾音下昆反。」

〔七〕應劭曰：「音移。」

〔八〕師古曰：「台音胎。」

〔九〕孟康曰：「昧音妹。」

南海郡，秦置。秦敗，尉佗王此地。武帝元鼎六年開。屬交州。戶萬九千六百一十三，口九萬四千二百五十三。有圃羞官。縣六：番禺，尉佗都。有鹽官。〔一〕博羅，中宿，有洭浦官。〔二〕龍川，〔三〕四會，揭陽。莽曰南海亭。〔四〕

〔一〕如淳曰：「番音潘。禺音愚。」

〔二〕師古曰：「洭音匡。」

〔三〕師古曰：「裴氏廣州記云本博羅縣之東鄉也，有龍穿地而出，即穴流泉，因以為號。」

〔四〕韋昭曰：「揭音其逝反。」師古曰：「音竭。」

鬱林郡，故秦桂林郡，屬尉佗。武帝元鼎六年開，更名。有小谿川水七，并行三千一百一十里。莽曰鬱平。屬交州。戶萬二千四百一十五，口七萬一千一百六十二。縣十二：布山，安廣，阿林，廣鬱，鬱水首受夜郎豚水，東至四會入海，過郡四，行四千三十里。中留，〔一〕桂林，潭中，莽曰中潭。〔二〕臨塵，朱涯水入領方。又有斤（員）〔南〕水。又有侵離水，行七百里。莽曰監塵。定周，〔周〕水首受無斂，東入潭，行七百九十里。增食，驩水首受牂柯東界，入朱涯水，行五百七十里。領方。斤（員）〔南〕水入鬱。又有橋水。都尉治。〔三〕雍雞。有關。

〔一〕師古曰：「留音力救反，水名。」

〔二〕師古曰：「潭音大含反。」

〔三〕師古曰：「壿音橋。」

蒼梧郡，武帝元鼎六年開。莽曰新廣。屬交州。有離水關。戶二萬四千三百七十九，口十四萬六千一百六十。縣十：廣信，莽曰廣信亭。謝沐，有關。高要，有鹽官。封陽，〔一〕臨賀，莽曰大賀。端谿，馮乘，富川，荔蒲，有荔平關。〔二〕猛陵。龍山，合水所出，南至布山入海。莽曰猛陸。

〔一〕應劭曰：「在封水之陽。」

〔二〕師古曰：「荔音（肄）〔隸〕。」

交趾郡，武帝元鼎六年開，屬交州。戶九萬二千四百四十，口七十四萬六千二百三〔十〕七。縣十：羸𨻻，有羞官。〔一〕安定，苟屚，〔二〕麊泠，都尉治。〔三〕曲昜，〔四〕北帶，稽徐，〔五〕西于，龍編，〔六〕朱觀。

〔一〕孟康曰：「羸音蓮。𨻻音受土簍。」師古曰：「𨻻簍二字並音來口反。」

〔二〕師古曰：「屚與漏同。」

〔三〕應劭曰：「麊音彌。」孟康曰：「音螟蛉。」師古曰：「音麋零。」

〔四〕師古曰：「昜，古陽字。」

〔五〕師古曰：「稽音古奚反。」

〔六〕師古曰：「緶音鞭。」

合浦郡，武帝元鼎六年開。莽曰桓合。屬交州。戶萬五千三百九十八，口七萬八千九百八十。縣五：徐聞，高涼，合浦，有關。莽曰桓亭。臨允，牢水北入高要入鬱，過郡三，行五百三十里。莽曰大允。朱盧。都尉治。

九眞郡，武帝元鼎六年開。有小水五十二，并行八千五百六十里。戶三萬五千七百四十三，口十六萬六千一十三。有界關。縣七：胥浦，莽曰驩成。居風，都龐，〔一〕餘發，咸驩，無切，都尉治。無編。莽曰九眞亭。

〔一〕應劭曰：「龐音龍。」師古曰：「音聾。」

日南郡，故秦象郡，武帝元鼎六年開，更名。有小水十六，并行三千一百八十里。屬交州。〔一〕戶萬五千四百六十，口六萬九千四百八十五。縣五：朱吾，比景，〔二〕盧容，西捲，水入海，有竹，可爲杖。莽曰日南亭。〔三〕象林。

〔一〕師古曰：「言其在日之南，所謂開北戶以向日者。」

〔二〕如淳曰：「日中於頭上，景在巳下，故名之。」

〔三〕孟康曰：「音卷。」師古曰：「音權。」

趙國，故秦邯鄲郡，高帝四年爲趙國，景帝三年復爲邯鄲郡，五年復故。莽曰桓亭。屬冀州。戶八萬四千二百二，口三十四萬九千九百五十二。縣四：邯鄲，堵山，牛首水所出，東入白渠。趙敬侯自中牟徙此。〔一〕易陽，〔二〕柏人，莽曰壽仁。〔三〕襄國。故邢國。西山，渠水所出，東北至任入𣸣。又有蓼水、馮水，皆東至朝平入湡。〔四〕

〔一〕張晏曰：「邯鄲山在東城下。單，盡也。城郭從邑，故加邑云。」師古曰：「邯音寒。」

〔二〕應劭曰：「易水出涿郡故安。」師古曰：「在易水之陽。」

〔三〕師古曰：「本晉邑。」

〔四〕師古曰：「湡音藕，又音牛吼反。」

廣平國，武帝征和二年置爲平干國，宣帝五鳳二年復故。莽曰富昌。屬冀州。戶二萬七千九百八十四，口十九萬八千五百五十八。縣十六：廣平，張，朝平，南和，列葭水東入㴙。〔一〕列人，莽曰列治。斥章，〔二〕任，〔三〕曲周，武帝建元四年置。莽曰直周。南曲，曲梁，侯國。莽曰直梁。廣鄉，平利，平鄉，陽臺，侯國。廣年，莽曰富昌。城鄉。

〔一〕師古曰：「葭音家。㴙音斯。」

〔二〕應劭曰：「漳水出治北，入河。其國斥鹵，故曰斥章。」

〔三〕師古曰：「本晉邑也。鄭皇頡奔晉，爲任大夫。」

眞定國，武帝元鼎四年置。屬冀州。戶三萬七千一百二十六，口十七萬八千六百一十六。

縣四：眞定，故東垣，高帝十一年更名。莽曰思治。稾城，莽曰稾實。〔一〕肥纍，故肥子國。〔二〕緜曼。斯洨水首受太白渠，東至鄡入河。莽曰緜延。〔三〕

〔一〕師古曰：「稾音工老反。」

〔二〕師古曰：「纍音力追反。」

〔三〕師古曰：「曼音萬。鄡音口堯反。」

中山國，高帝郡，景帝三年爲國。莽曰常山。屬冀州。〔一〕戶十六萬八百七十三，口六十六萬八千八十。縣十四：盧奴，〔二〕北平，徐水東至高陽入博。又有盧水，亦至高陽入河。有鐵官。莽曰善和。北新成，桑欽言易水出西北，東入滱。莽曰朔平。唐，堯山在南。莽曰和親。〔三〕深澤，莽曰翼和。苦陘，莽曰北陘。〔四〕安國，莽曰興睦。曲逆，蒲陽山，蒲水所出，東入濡。又有蘇水，亦東入濡。莽曰順平。〔五〕望都，博水東至高陽入河。莽曰順調。〔六〕新市，〔七〕新處，毋極，陸成，安險。莽曰寧險。〔八〕

〔一〕應劭曰：「中山，故國。」

〔二〕應劭曰：「盧水出右北平，東入河。」

〔三〕應劭曰：「故堯國也。唐水在西。」張晏曰：「堯爲唐侯，國於此。堯山在唐東北望都界。」孟康曰：「晉荀吳伐鮮虞及中人，今中人亭是。」

〔四〕應劭曰：「章帝更名漢昌。」陘音邢。

〔五〕張晏曰：「濡水於城北曲而西流，故曰曲逆。章帝醜其名，改曰蒲陰，在蒲水之陰。」師古曰：「濡音乃官反。」

〔六〕張晏曰：「堯山在北，堯母慶都山在南，登堯山見都山，故以爲名。」

〔七〕應劭曰：「鮮虞子國，今鮮虞亭是。」

〔八〕應劭曰：「章帝更名安憙。」

信都國，景帝二年爲廣川國，宣帝甘露三年復故。莽曰新博。屬冀州。〔一〕戶六萬五千五百五十六，口三十萬四千三百八十四。縣十七：信都，王都。故章河、故虖池皆在北，東入海。禹貢絳水亦入海。莽曰新博亭。歷，莽曰歷寧。扶柳，〔二〕辟陽，莽曰樂信。〔三〕南宮，莽曰序下。下博，莽曰閏博。〔四〕武邑，莽曰順桓。觀津，莽曰朔定亭。〔五〕高隄，〔六〕廣川，〔七〕樂鄉，侯國。莽曰樂丘。平隄，侯國。桃，莽曰桓分。西梁，侯國。昌成，侯國。東昌，侯國。莽曰田昌。脩。莽曰脩治。〔八〕

〔一〕應劭曰：「明帝更名樂安。安帝改曰安平。」

〔二〕師古曰：「闞駰云其地有扶澤，澤中多柳，故曰扶柳。」

〔三〕師古曰：「辟音珪璧。」

〔四〕應劭曰：「博水出中山望都，入河。」

〔五〕師古曰：「觀音工喚反。」

〔六〕師古曰：「隄音丁奚反。」

〔七〕師古曰：「闞駰云其縣中有長河爲流，故曰廣川也。至隋仁壽元年，初立煬帝爲皇太子，以避諱故，改爲長河縣，至今爲名。」

〔六〕師古曰：「脩音條。」

河間國，故趙，文帝二年別爲國。莽曰朔定。〔一〕戶四萬五千四十三，口十八萬七千六百六十二。縣四：樂成，虖池別水首受虖池河，東至東光入虖池河。莽曰陸信。候井，武隧，莽曰桓隧。〔二〕弓高。虖池別河首受虖池河，東至平舒入海。莽曰樂成。

〔一〕應劭曰：「在兩河之間。」

〔二〕師古曰：「隧音遂。」

廣陽國，高帝燕國，昭帝元鳳元年爲廣陽郡，宣帝本始元年更爲國。莽曰廣有。戶二萬七百四十，口七萬六百五十八。縣四：薊，故燕國，召公所封。莽曰伐戎。方城，廣陽，陰鄉。莽曰陰順。

甾川國，故齊，文帝十八年別爲國。後幷北海。戶五萬二百八十九，口二十二萬七千三十一。縣三：劇，義山，蕤水所出，北至壽光入海。莽曰俞。〔一〕東安平，菟頭山，女水出，東北至臨甾入鉅定。〔二〕樓鄉。

〔一〕應劭曰：「故肥國，今肥亭是。」

〔二〕孟康曰：「紀季以酅入于齊，今酅亭是也。」師古曰：「闞駰云博陵有安平，故此加東。酅音攜。」

膠東國，故齊，高帝元年別爲國，五月復屬齊國，文帝十六年復爲國。莽曰郁秩。戶七萬二千二，口三十二萬三千三百三十一。縣八：卽墨，有天室山祠。莽曰卽善。昌武，下密，有三石山祠。〔一〕壯武，莽曰曉武。郁秩，有鐵官。挺，〔二〕觀陽，〔三〕鄒盧。莽曰始斯。

〔一〕應劭曰：「密水出高密。」

〔二〕師古曰：「挺音徒鼎反。」

〔三〕應劭曰：「在觀水之陽。」師古曰：「觀音工喚反。」

高密國，故齊，文帝十六年別爲膠西國，宣帝本始元年更爲高密國。戶四萬五百三十一，口十九萬二千五百三十六。縣五：高密，莽曰章牟。昌安，石泉，莽曰養信。夷安，莽曰原亭。〔一〕成鄉。莽曰順成。

〔一〕應劭曰：「故萊夷維邑。」

城陽國，故齊。文帝二年別爲國。莽曰莒陵。屬兗州。戶五萬六千六百四十二，口二十萬五千七百八十四。縣四：莒，故國，盈姓，三十世爲楚所滅。少昊後。有鐵官。莽曰莒陵。陽都，〔一〕東安，慮。莽曰著善。

〔一〕應劭曰：「齊人遷陽，故陽國是。」

淮陽國，高帝十一年置。莽曰新平。屬兗州。〔一〕戶十三萬五千五百四十四，口九十八萬一千四百二十三。縣九：陳，故國，舜後，胡公所封，爲楚所滅。楚頃襄王自郢徙此。莽曰陳陵。苦，莽曰賴陵。〔二〕陽夏，〔三〕寧平，扶溝，渦水首受狼湯渠，東至向入淮，過郡三，行千里。〔四〕固始，〔五〕圉，新平，柘。

〔一〕孟康曰：「孝明帝更名陳國。」

〔二〕師古曰：「晉太康地記云城東有賴鄉祠，老子所生地。」

〔三〕應劭曰：「夏音賈。」

〔四〕師古曰：「狼音浪。湯音徒浪反。渦音戈，又音瓜。」

〔五〕師古曰：「本名寢丘，楚令尹孫叔敖所封地。」

梁國，故秦碭郡，高帝五年為梁國。莽曰陳定。屬豫州。〔一〕戶三萬八千七百九，口十萬六千七百五十二。縣八：碭，山出文石。莽曰節碭。〔二〕甾，故戴國。莽曰嘉穀。〔三〕杼秋，莽曰予秋。〔四〕蒙，獲水首受甾獲渠，東北至彭城入泗，過郡五，行五百五十里。莽曰蒙恩。已氏，莽曰已善。虞，莽曰陳定亭。下邑，莽曰下洽。睢陽，故宋國，微子所封。禹貢盟諸澤在東北。〔五〕

〔一〕師古曰：「以有碭山，故名碭郡。」

〔二〕應劭曰：「碭山在東。」師古曰：「碭，文石也，其山出焉，故以名縣。碭音唐，又音徒浪反。」

〔三〕應劭曰：「章帝改曰考城。」

〔四〕師古曰：「杼音食汝反。」

〔五〕師古曰：「睢音雖。」

東平國，故梁國，景帝中六年別爲濟東國，武帝元鼎元年爲大河郡，宣帝甘露二年爲東平國。莽曰有鹽。屬兗州。戶十三萬一千七百五十三，口六十萬七千九百七十六。有鐵官。縣七：無鹽，有郈鄉。莽曰有鹽亭。〔一〕任城，故任國，太昊後，風姓。莽曰延就亭。東平陸，〔二〕富城，莽曰成富。章，亢父，詩亭，故詩國。莽曰順父。〔三〕樊。

〔一〕師古曰：「郈音后。」

〔二〕應劭曰：「古厥國，今有厥亭是。」

〔三〕師古曰：「音抗甫。」

魯國，故秦薛郡，高后元年爲魯國。屬豫州。戶十一萬八千四百四十五，口六十萬七千三百八十一。縣六：魯，伯禽所封。戶五萬二千。有鐵官。卞，泗水西南至方與入沛，過郡三，行五百里，青州川。〔一〕汶陽，莽曰汶亭。〔二〕蕃，南梁水西至胡陵入沛渠。〔三〕騶，故邾國，曹姓，二十九世爲楚所滅。嶧山在北。莽曰騶亭。〔四〕薛。夏車正奚仲所國，後遷于邳，湯相仲虺居之。

〔一〕師古曰：「即春秋僖十七年夫人姜氏會齊侯於卞者也。方與音房豫。」

〔二〕應劭曰：「詩曰『汶水湯湯』。」師古曰：「汶音問。即左傳所云公賜季友汶陽之田者也。」

〔三〕應劭曰：「邾國也，音皮。」師古曰：「白褒云陳蕃之子爲魯相，國人爲諱，改曰皮。此說非也。郡縣之名，土俗各有別稱，不必皆依本字。」

〔四〕應劭曰：「邾文公卜遷于繹者也。音驛。」

楚國，高帝置，宣帝地節元年更爲彭城郡，黃龍元年復故。莽曰和樂。屬徐州。戶十一萬四千七百三十八，口四十九萬七千八百四。縣七：彭城，古彭祖國。戶四萬一百九十六。有鐵官。留，梧，莽曰吾治。傅陽，故偪陽國。莽曰輔陽。〔一〕呂，武原，莽曰和樂亭。甾丘。莽曰善丘。

〔一〕師古曰：「偪音福。左氏傳所云偪陽妘姓者也。」

泗水國，故東海郡，武帝元鼎四年別爲泗水國。莽曰水順。戶二萬五千二十五，口十一萬九千一百一十四。縣三：淩，莽曰生夌。〔一〕泗陽，莽曰淮平亭。于。莽曰于屏。

〔一〕應劭曰：「淩水所出，（入淮南）〔南入淮〕。」

廣陵國，高帝六年屬荊州，十一年更屬吳，景帝四年更名江都，武帝元狩三年更名廣陵。莽曰江平。屬徐州。戶三萬六千七百七十三，口十四萬七百二十二。有鐵官。縣四：廣陵，江都易王非、廣陵厲王胥皆都此，幷得鄣郡，而不得吳。莽曰安定。江都，有江水祠。渠水首受江，北至射陽入湖。高郵，平安。莽曰杜鄉。

六安國，故楚，高帝元年別爲衡山國，五年屬淮南，文帝十六年復爲衡山，武帝元狩二年別爲六安國。莽曰安風。戶三萬八千三百四十五，口十七萬八千六百一十六。縣五：六，故國，皐繇後，偃姓，爲楚所滅。如谿水首受沘，東北至壽春入芍陂。〔一〕蓼，故國，皐繇後，爲楚所滅。安豐，禹貢大別山在西南。莽曰美豐。安風，莽曰安風亭。陽泉。

[一] 師古曰：「沘音匕，又音鄙。芍音鵲。」

長沙國，秦郡，高帝五年為國。莽曰塡蠻。屬荆州。戶四萬三千四百七十，口二十三萬五千八百二十五。縣十三：臨湘，莽曰撫睦。[一] 羅，[二] 連道，益陽，湘山在北。[三] 下雋，莽曰閏雋。[四] (收)〔攸〕，酃，[五] 承陽，[六] 湘南，禹貢衡山在東南，荆州山。昭陵，茶陵，泥水西入湘，行七百里。莽曰聲鄉。[七] 容陵，安成。廬水東至廬陵入湖漢。莽曰思成。

[一] 應劭曰：「湘水出零山。」

[二] 應劭曰：「楚文王徙羅子自枝江居此。」師古曰：「盛弘之荆州記云縣北帶汨水，水原出豫章艾縣界，西流注湘。汨西北去縣三十里，名為屈潭，屈原自沉處。」

[三] 應劭曰：「在益水之陽。」

[四] 師古曰：「雋音字兗反，又音辭兗反。」

[五] 孟康曰：「音鈴。」

[六] 應劭曰：「承水之陽。」師古曰：「承水原出零陵永昌縣界，東流注湘也。承音丞。」

[七] 師古曰：「茶音弋奢反，又音丈加反。」

本秦京師為內史，[一] 分天下作三十六郡。漢興，以其郡(大)〔太〕大，稍復開置，又立諸侯王國。武帝開廣三邊。故自高祖增二十六，文、景各六，武帝二十八，昭帝一，訖於孝平，凡郡國一百三，縣邑千三百一十四，道三十二，侯國二百四十一。地東西九千三百二里，南北萬三千三百六十八里。提封田一萬萬四千五百一十三萬六千四百五頃，〔二〕其一萬萬二百五十二萬八千八百八十九頃，邑居道路，山川林澤，羣不可墾，其三千二百二十九萬九百四十七頃，可墾不可墾，定墾田八百二十七萬五百三十六頃。民戶千二百二十三萬三千六十二，口五千九百五十九萬四千九百七十八。漢極盛矣。

〔一〕師古曰：「京師，天子所都畿內也。秦并天下，改立郡縣，而京畿所統，特號內史，言其在內，以別於諸郡守也。」

〔二〕師古曰：「提封者，大舉其封疆也。」

凡民函五常之性，〔一〕而其剛柔緩急，音聲不同，繫水土之風氣，故謂之風；好惡取舍，動靜亡常，〔二〕隨君上之情欲，故謂之俗。孔子曰：「移風易俗，莫善於樂。」〔三〕言聖王在上，統理人倫，必移其本，而易其末，此混同天下一之虖中和，然後王教成也。漢承百（年）〔王〕之末，國土變改，民人遷徙，成帝時劉向略言其（域）〔地〕分，丞相張禹使屬潁川朱贛條其風俗，猶未宣究，故輯而論之，〔四〕終其本末著於篇。

〔一〕師古曰：「函，包也，讀與含同。」

〔二〕師古曰：「好音呼到反。惡音一故反。」

〔三〕師古曰：「孝經載孔子之言。」

〔四〕師古曰：「輯與集同。」

秦地，於天官東井、輿鬼之分壄也。其界自弘農故關以西，京兆、扶風、馮翊、北地、上郡、西河、安定、天水、隴西，南有巴、蜀、廣漢、犍爲、武都，西有金城、武威、張掖、酒泉、敦煌，又西南有牂柯、越巂、益州，皆宜屬焉。

秦之先曰柏益，出自帝顓頊，堯時助禹治水，爲舜朕虞，養育草木鳥獸，賜姓嬴氏，〔一〕歷夏、殷爲諸侯。至周有造父，〔二〕善馭習馬，得華騮、綠耳之乘，〔三〕幸於穆王，封於趙城，故更爲趙氏。後有非子，爲周孝王養馬汧、渭之間。孝王曰：「昔伯益知禽獸，子孫不絕。」乃封爲附庸，邑之於秦，今隴西秦亭秦谷是也。至玄孫，氏爲莊公，〔四〕破西戎，有其地。子襄公時，幽王爲犬戎所敗，平王東遷雒邑。襄公將兵救周有功，賜受邽、酆之地，列爲諸侯。〔五〕後八世，穆公稱伯，以河爲竟。〔六〕十餘世，孝公用商君，制轅田，〔七〕開仟伯，〔八〕東雄諸侯。子惠公初稱王，得上郡、西河。孫昭王開巴蜀，滅周，取九鼎。昭王曾孫政并六國，稱皇帝，負力怙威，燔書阬儒，自任私智。至子胡亥，天下畔之。

〔一〕師古曰：「伯益一號伯翳，蓋翳益聲相近故也。」

〔二〕師古曰：「造音(於)〔千〕到反。父讀曰甫。」

〔三〕師古曰：「華騮，言其色如華之赤也。綠耳，耳綠色。」

〔四〕師古曰：「氏與是同，古通用字。」

〔五〕師古曰：「郊亦岐字。」

〔六〕師古曰：「伯讀曰霸。竟讀曰境，言其地界東至於河。」

〔七〕張晏曰：「周制三年一易，以同美惡，商鞅始割列田地，開立阡陌，令民各有常制。」孟康曰：「三年爰土易居，古制也，末世侵廢。商鞅相秦，復立爰田，上田不易，中田一易，下田再易，爰自在其田，不復易居也。食貨志曰『自爰其處而已』是也。轅爰同。」

〔八〕師古曰：「南北曰仟，東西曰伯，皆謂開田之疆畝也。伯音莫白反。」

故秦地於禹貢時跨雍、梁二州，詩風兼秦、豳兩國。昔后稷封斄，〔一〕公劉處豳，〔二〕大王徙郊，〔三〕文王作酆，〔四〕武王治鎬，〔五〕其民有先王遺風，好稼穡，務本業，故豳詩言農桑衣食之本甚備。〔六〕有鄠、杜竹林，南山檀柘，號稱陸海，爲九州膏腴。〔七〕始皇之初，鄭國穿渠，引涇水溉田，〔八〕沃野千里，〔九〕民以富饒。漢興，立都長安，徙齊諸田，楚昭、屈、景及諸功臣家於長陵。後世世徙吏二千石、高訾富人及豪桀并兼之家於諸陵。〔一〇〕蓋亦以彊幹弱支，非獨爲奉山園也。〔一一〕是故五方雜厝，〔一二〕風俗不純。其世家則好禮文，富人則商賈爲利，豪桀則游俠通姦。瀕南山，〔一三〕近夏陽，〔一四〕多阻險輕薄，易爲盜賊，常爲天下劇。又郡國輻湊，浮食者多，民去本就末，列侯貴人車服僭上，衆庶放效，羞不相及，〔一五〕嫁娶尤崇侈靡，送死過度。

〔一〕師古曰：「斄讀曰邰，今武功故城是也。」

〔二〕師古曰：「即今豳州栒邑是。」

〔三〕師古曰：「今岐山縣是。」

〔四〕師古曰：「今長安西北界靈臺鄉豐水上是。」

〔五〕師古曰：「今昆明池北鎬陂是。」

〔六〕師古曰：「謂七月之詩。」

〔七〕師古曰：「言其地高陸而饒物產，如海之無所不出，故云陸海。腹之下肥曰腴，故取諭云。」

〔八〕師古曰：「鄭國，人姓名。事具在溝洫志。」

〔九〕師古曰：「沃即溉也，言千里之地皆得溉灌。」

〔一〇〕師古曰：「訾讀與貲同。高訾，言多財也。」

〔一一〕如淳曰：「黃圖謂陵冢爲山。」師古曰：「謂京師爲幹，四方爲支也。」

〔一二〕晉灼曰：「厝，古錯(反)〔字〕。」

〔一三〕師古曰：「瀕猶邊。瀕音頻，又音賓。」

〔一四〕師古曰：「夏陽即河之西岸也，今在同州韓城縣界。」

〔一五〕師古曰：「放，依也，音甫往反。」

天水、隴西，山多林木，民以板為室屋。及安定、北地、上郡、西河，皆迫近戎狄，修習戰備，高上氣力，以射獵為先。故秦詩曰「在其板屋」；〔一〕又曰「王于興師，修我甲兵，與子偕行」。〔二〕及車轔、四臷、小戎之篇，皆言車馬田狩之事。〔三〕漢興，六郡良家子選給羽林、期門，〔四〕以材力為官，名將多出焉。孔子曰：「君子有勇而亡誼則為亂，小人有勇而亡誼則為盜。」〔五〕故此數郡，民俗質木，不恥寇盜。〔六〕

〔一〕師古曰：「小戎之詩也。言襄公出征，則婦人居板屋之中而念其君子。」

〔二〕師古曰：「無衣之詩也。言於王之興師，則修我甲兵，而與子俱征伐也。」

〔三〕師古曰：「車轔，美秦仲大有車馬。其詩曰『有車轔轔，有馬白顛』。四臷，美襄公田狩也。其詩曰『四臷孔阜，六轡在手』，『輶車鸞鑣，載獫猲獢』。小戎，美襄公備兵甲，討西戎。其詩曰『小戎俴收，五楘良輈』，『文茵暢轂，駕我騏馵』，『龍盾之合，鋈以觼軜』。轔音隣。臷音鐵。輶音猶，又音誘。獫音力瞻反。獢音許昭反。俴音踐。楘音木。馵音霔。鋈音沃。觼音玦。軜音納。」

〔四〕如淳曰：「醫、商賈、百工不得豫也。」師古曰：「六郡謂隴西、天水、安定、北地、上郡、西河。羽林、期門，解在百官公卿表。」

〔五〕師古曰：「論語載孔子對子路之言也。」

〔六〕師古曰：「質木者，無有文飾，如木石然。」

自武威以西，本匈奴昆邪王、休屠王地，〔一〕武帝時攘之，〔二〕初置四郡，以通西域，鬲絕南羌、匈奴。〔三〕其民或以關東下貧，或以報怨過當，〔四〕或以誖逆亡道，家屬徙焉。〔五〕習俗頗殊，地廣民稀，水屮宜畜牧，〔六〕〔七〕〔故〕涼州之畜為天下饒。保邊塞，二千石治之，咸以兵馬為務；酒禮之會，上下通焉，吏民相親。是以其俗風雨時節，穀糴常賤，少盜賊，有和氣之應，賢於內郡。此政寬厚，吏不苛刻之所致也。

〔一〕師古曰：「昆音下門反。休音許蚪反。屠音除。」

〔二〕師古曰：「攘，卻也，音人羊反。」

〔三〕師古曰：「鬲與隔同。」

〔四〕師古曰：「過其本所殺。」

〔五〕師古曰：「誖，亂也，惑也，音布內反。」

〔六〕師古曰：「屮，古草字。」

巴、蜀、廣漢本南夷，秦并以為郡，土地肥美，有江水沃野，山林竹木疏食果實之饒。〔一〕南賈滇、僰僮，〔二〕西近邛、莋馬旄牛。〔三〕民食稻魚，亡凶年憂，俗不愁苦，而輕易淫泆，柔弱褊阸。〔四〕景、武間，文翁為蜀守，教民讀書法令，未能篤信道德，反以好文刺譏，貴慕權勢。及司馬相如游宦京師諸侯，以文辭顯於世，鄉黨慕循其迹。後有王褒、嚴遵、揚雄之徒，〔五〕文章冠天下。繇文翁倡其教，相如為之師，〔六〕故孔子曰：「有教亡類。」〔七〕

〔一〕師古曰：「疏，菜也。」

〔二〕師古曰：「言滇、僰之地多出僮隸也。滇音顚。僰音蒲北反。」

〔三〕師古曰：「言邛、莋之地出馬及旄牛。莋音材各反。」

〔四〕師古曰：「言其材質不彊，而心忿陿。」

〔五〕師古曰：「遵卽嚴君平。」

〔六〕師古曰：「繇讀與由同。倡，始也，音充向反。」

〔七〕師古曰：「論語載孔子之言。言人之性術在所敎耳，無種類。」

武都地雜氐、羌，及犍爲、牂柯、越巂，皆西南外夷，武帝初開置。民俗略與巴、蜀同，而武都近天水，俗頗似焉。

故秦地天下三分之一，而人衆不過什三，然量其富居什六。（秦豳）吳札觀樂，爲之歌秦，〔一〕曰：「此之謂夏聲。〔二〕夫能夏則大，大之至也，其周舊乎？」

〔一〕師古曰：「札，吳王壽夢子也，來聘魯而請觀周樂。事見左氏傳襄二十九年。」

〔二〕師古曰：「夏，中國。」

自井十度至柳三度，謂之鶉首之次，秦之分也。

魏地，觜觿、參之分野也。〔一〕其界自高陵以東，盡河東、河內，南有陳留及汝南之召陵、濦彊、新汲、西華、長平，〔二〕潁川之舞陽、郾、許、傿陵，〔三〕河南之開封、中牟、陽武、酸棗、卷，〔四〕皆魏分也。

〔一〕師古曰：「觿音弋隨反。」

〔二〕師古曰：「召讀曰邵。濦音於靳反，又音殷。」

〔三〕師古曰：「郾音一扇反。傿音偃。」

〔四〕師古曰：「卷音去權反。」

河內本殷之舊都，周既滅殷，分其畿內爲三國，詩風邶、庸、衞國是也。〔一〕鄁，以封紂子武庚；庸，管叔尹之；衞，蔡叔尹之：以監殷民，謂之三監。〔二〕故書序曰「武王崩，三監畔」，〔三〕周公誅之，盡以其地封弟康叔，號曰孟侯，〔四〕以夾輔周室；遷邶、庸之民于雒邑，故邶、庸、衞三國之詩相與同風。邶詩曰「在浚之下」，〔五〕庸曰「在浚之郊」；〔六〕邶又曰「亦流于淇」，〔七〕「河水洋洋」，〔八〕庸曰「送我淇上」，〔九〕「在彼中河」，〔一〇〕衞曰「瞻彼淇奧」，〔一一〕「河水洋洋」。〔一二〕故吳公子札聘魯觀周樂，聞邶、庸、衞之歌，曰：「美哉淵乎！吾聞康叔之德如是，是其衞風乎？」至十六世，懿公亡道，爲狄所滅。齊桓公帥諸侯伐狄，而更封衞於河南曹、楚丘，是爲文公。〔一三〕而河內殷虛，更屬于晉。〔一四〕康叔之風既歇，而紂之化猶存，故俗剛彊，多豪桀侵奪，薄恩禮，好生分。〔一五〕

〔一〕師古曰：「自紂城而北謂之邶，南謂之庸，東謂之衞。邶音步內反，字或作鄁。庸字或作鄘。」

〔二〕師古曰：「武庚卽祿父也。尹，主也。管叔、蔡叔皆武王之弟。」

〔三〕師古曰：「周書大誥之序。」

〔四〕師古曰：「康叔亦武王弟也。孟，長也。言爲諸侯之長。」

〔五〕師古曰：「凱風之詩也。浚，衞邑也，音峻。」

〔六〕師古曰：「干旄之詩。」

〔七〕師古曰：「泉水之詩。」

〔八〕師古曰：「今邶詩無此句。」

〔九〕師古曰：「桑中之詩。淇上，淇水之上。」

〔一〇〕師古曰：「柏舟之詩也。中河，河中也。」

〔一一〕師古曰：「淇奧之詩也。奧，水隈也，音於六反。」

〔一二〕師古曰：「碩人之詩也。洋洋，盛大也，音羊，又音翔。」

〔一三〕師古曰：「曹及楚丘，二邑名。」

〔一四〕師古曰：「殷虛，汲郡朝歌縣也。虛讀曰墟。」

〔一五〕師古曰：「生分，謂父母在而昆弟不同財產。」

河東土地平易，有鹽鐵之饒，本唐堯所居，詩風唐、魏之國也。周武王子唐叔在母未生，〔一〕武王夢帝謂己〔二〕曰：「余名而子曰虞，將與之唐，屬之參。」〔三〕及生，名之曰虞。至成王滅唐，而封叔虞。唐有晉水，及叔虞子燮爲晉侯云，故參爲晉星。其民有先王遺教，君子深思，小人儉陋。故唐詩蟋蟀、山樞、葛生之篇曰「今我不樂，日月其邁」；〔四〕「宛其死矣，它人是媮」；〔五〕「百歲之後，歸于其居」。〔六〕皆思奢儉之中，念死生之慮。〔七〕吳札聞唐之歌，曰：「思深哉！其有陶唐氏之遺民乎？」

〔一〕師古曰：「謂懷孕時。」

〔二〕師古曰：「帝，天也。」

〔三〕師古曰：「屬音之欲反。參音所林反。」

〔四〕師古曰：「蟋蟀之詩也。邁，行也。言日月行往，將老而死也。蟋音悉。蟀音率。」

〔五〕師古曰：「山有樞之詩也。媮，樂也。言己儉吝，死亡之後當爲它人所樂也。媮音愉，又音偷。樞音甌。」

〔六〕師古曰：「葛生之詩也。居謂墳墓也。言死當歸于墳墓，不能復爲樂也。」

〔七〕師古曰：「中音竹仲反。」

魏國，亦姬姓也，在晉之南河曲，故其詩曰「彼汾一曲」；〔一〕「寘諸河之側」。〔二〕自唐叔十六世至獻公，滅魏以封大夫畢萬，〔三〕滅耿以封大夫趙夙，〔四〕及大夫韓武子食采於韓原，〔五〕晉於是始大。至於文公，伯諸侯，尊周室，〔六〕始有河內之土。〔七〕吳札聞魏之歌，曰：「美哉渢渢乎！〔八〕以德輔此，則明主也。」文公後十六世爲韓、魏、趙所滅，三家皆自立爲諸侯，是爲三晉。趙與秦同祖，韓、魏皆姬姓也。自畢萬後十世稱侯，至孫稱王，徙都大梁，故魏一號爲梁，七世爲秦所滅。

〔一〕師古曰：「汾沮洳之詩。沮音子豫反。洳音人豫反。」

〔二〕師古曰：「伐檀之詩。寘，置也，音之豉反。」

〔三〕師古曰：「畢萬，畢公高之後，魏犨祖父。」

〔四〕師古曰：「趙夙，趙衰之兄。」

〔五〕師古曰：「韓武子，韓厥之曾祖也，本與周同姓，食采於韓，更爲韓氏。此說依史記，而與釋春秋傳者不同。」

〔六〕師古曰：「伯讀曰霸。」

〔七〕師古曰：「左氏傳所謂『始啓南陽』者。」

〔八〕師古曰：「渢渢，浮貌也。言其中庸，可與爲善，可與爲惡也。渢音馮。」

周地，柳、七星、張之分野也。今之河南雒陽、穀成、平陰、偃師、鞏、緱氏，是其分也。

昔周公營雒邑，以爲在于土中，諸侯蕃屏四方，〔一〕故立京師。至幽王淫褒姒，以滅宗周，子平王東居雒邑。其後五伯更帥諸侯以尊周室，〔二〕故周於三代最爲長久。八百餘年至於赧王，乃爲秦所兼。初雒邑與宗周通封畿，〔三〕東西長而南北短，短長相覆爲千里。至襄王以河內賜晉文公，又爲諸侯所侵，故其分墜小。〔四〕

〔一〕師古曰：「言雒陽四面皆有諸侯爲蕃屏。」

〔二〕師古曰：「伯讀曰霸。解在刑法志。更，互也，音工衡反。」

〔三〕韋昭曰：「通在二封之地，共千里也。」師古曰：「宗周，鎬京也，方八百里，八八六十四，為方百里者六十四也。雒邑，成周也，方六百里，六六三十六，為方百里者三十六。〔三〕〔二〕都得百里者〔百〕，方千里也。故詩云『邦畿千里』。」

〔四〕師古曰：「墜，古地字。」

周人之失，巧偽趨利，貴財賤義，高富下貧，憙為商賈，不好仕宦。〔一〕

〔一〕師古曰：「憙音許吏反。」

自柳三度至張十二度，謂之鶉火之次，周之分也。

韓地，角、亢、氐之分野也。韓分晉得南陽郡及潁川之父城、定陵、襄城、潁陽、潁陰、長社、陽翟、郟，〔一〕東接汝南，西接弘農得新安、宜陽，皆韓分也。及詩風陳、鄭之國，與韓同星分焉。

〔一〕師古曰：「郟音工洽反，即今郟城縣是也。」

鄭國，今河南之新鄭，本高辛氏火正祝融之虛也。〔一〕及成皋、滎陽，潁川之崇高、陽城，皆鄭分也。本周宣王弟友為周司徒，食采於宗周畿內，是為鄭。〔二〕鄭桓公問於史伯曰：「王室多故，何所可以逃死？」史伯曰：「四方之國，非王母弟甥舅則夷狄，不可入也，其濟、洛、河、潁之間乎！〔三〕子男之國，虢、會爲大，〔四〕恃勢與險，崇侈貪冒，〔五〕君若寄帑與賄，周亂而敝，必將背君；〔六〕君以成周之衆，奉辭伐罪，亡不克矣。」公曰：「南方不可乎？」對曰：「夫楚，重黎之後也，黎爲高辛氏火正，昭顯天地，以生柔嘉之材。姜、嬴、荆、芈，實與諸姬代相干也。〔七〕姜，伯夷之後也；嬴，伯益之後也。伯夷能禮於神以佐堯，伯益能儀百物以佐舜，〔八〕其後皆不失祠，而未有興者，周衰將起，不可偪也。」桓公從其言，乃東寄帑與賄，虢、會受之。後三年，幽王敗，（威）〔桓〕公死，其子武公與平王東遷，卒定虢、會之地，右雒左（沛）〔泲〕，食溱、洧焉。〔九〕土陿而險，山居谷汲，男女亟聚會，〔一〇〕故其俗淫。鄭詩曰：「出其東門，有女如雲。」〔一一〕又曰：「溱與洧方灌灌兮，士與女方秉蕑兮。」「恂盱且樂，惟士與女，伊其相謔。」〔一二〕此其風也。吳札聞鄭之歌，曰：「美哉！其細已甚，民弗堪也。是其先亡乎？」〔一三〕自武公後二十三世，爲韓所滅。

〔一〕師古曰：「虛讀曰墟。後皆類此。」

〔二〕師古曰：「即今之華陰鄭縣。」

〔三〕師古曰：「濟音子禮反。」

〔四〕師古曰：「會讀曰鄶，字或作檜。檜國在豫州外方之北，滎播之南，溱、洧之間，妘姓之國。」

〔五〕師古曰：「冒，蒙也，蔽於義理。」

〔六〕師古曰：「帑讀與孥同，謂妻子也。」

〔七〕師古曰：「代，遞也。干，犯也。」

〔八〕師古曰：「儀與宜同。宜，安也。」

〔九〕師古曰：「溱、洧，二水也。溱音臻。洧音鮪。」

〔一〇〕師古曰：「亟，屢也，音丘吏反。」

〔一一〕師古曰：「出其東門之詩。東門，鄭之東門也。如雲，言其衆多而往來不定。」

〔一二〕師古曰：「溱洧之詩也。灌灌，水流盛也。萅，蘭也。恂，信也。盱，大也。伊，惟也。謔，戲言也。謂仲春之月，二水流盛，而士與女執芳草於其間，以相贈遺，信大樂矣，惟以戲謔也。灌音胡貫反。萅音姦。」

〔一三〕臣瓚曰：「謂音聲細弱也，此衰弱之徵。」

陳國，今淮陽之地。陳本太昊之虛，周武王封舜後嬀滿於陳，是爲胡公，妻以元女大姬。婦人尊貴，好祭祀，用史巫，故其俗巫鬼。陳詩曰：「坎其擊鼓，宛丘之下，亡冬亡夏，值其鷺羽。」〔一〕又曰：「東門之枌，宛丘之栩，子仲之子，婆娑其下。」〔二〕此其風也。吳札聞陳之歌，曰：「國亡主，其能久乎！」〔三〕自胡公後二十三世爲楚所滅。陳雖屬楚，於天文自若其故。

〔一〕師古曰：「宛丘之詩也。坎坎，擊鼓聲。四方高，中央下，曰宛丘。值，立也。鷺鳥之羽以爲翿，立之而舞，以事神也。無冬無夏，言其恆也。」

〔二〕師古曰：「東門之枌之詩也。東門，陳國之東門也。枌，白楡也。栩，杼也。子仲，陳大夫之氏也。婆娑，舞貌也。亦言於枌栩之下歌舞以娛神也。枌音扶云反。栩音許羽反。杼音神汝反。」

〔三〕師古曰：「言政由婦人，不以君爲主也。」

潁川、南陽，本夏禹之國。夏人上忠，其敝鄙朴。韓自武子後七世稱侯，六世稱王，五世而爲秦所滅。秦既滅韓，徙天下不軌之民於南陽，〔一〕故其俗夸奢，上氣力，好商賈漁獵，藏匿難制御也。宛，西通武關，東受江、淮，一都之會也。宣帝時，鄭弘、召信臣爲南陽太守，〔二〕治皆見紀。信臣勸民農桑，去末歸本，郡以殷富。潁川，韓都。士有申子、韓非，刻害餘烈，〔三〕高(士)〔仕〕宦，好文法，民以貪遴爭訟生分爲失。〔四〕韓延壽爲太守，先之以敬讓；黃霸繼之，教化大行，獄或八年亡重罪囚。南陽好商賈，召父富以本業；〔五〕潁川好爭訟分異，黃、韓化以篤厚。「君子之德風也，小人之德草也」，信矣。〔六〕

〔一〕師古曰：「不軌，不循法度者。」

〔二〕師古曰：「召讀曰邵。」

〔三〕師古曰：「申子，申不害也。烈，業也。」

〔四〕師古曰：「遴與吝同。」

〔五〕師古曰：「召父，謂召信臣也。勸其務農以致富。」

〔六〕師古曰：「論語載孔子之言也。曰『君子之德風，小人之德草也，草上之風必偃』。言從歐而化。」

自東井六度至亢六度，謂之壽星之次，鄭之分野，與韓同分。

趙地，昴、畢之分壄。趙分晉，得趙國。北有信都、眞定、常山、中山，又得涿郡之高陽、鄚、州鄉；〔一〕東有廣平、鉅鹿、淸河、河間，又得渤海郡之東平舒、中邑、文安、束州、成平、章武，河以北也；南至浮水、繁陽、內黃、斥丘；西有太原、定襄、雲中、五原、上黨。上黨，本韓之別郡也，遠韓近趙，後卒降趙，皆趙分也。

〔一〕師古曰：「鄚音莫。」

自趙夙後九世稱侯，四世敬侯徙都邯鄲，至曾孫武靈王稱王，五世爲秦所滅。

趙、中山地薄人衆，猶有沙丘紂淫亂餘民。〔一〕丈夫相聚游戲，悲歌忼慨，起則椎剽掘冢，〔二〕作姦巧，多弄物，爲倡優。女子彈弦跕躧，游媚富貴，徧諸侯之後宮。〔三〕

〔一〕晉灼曰：「言地薄人衆，猶復有沙丘紂淫地餘民，通係之於淫風而言之也，不說沙丘在中山也。」

〔二〕師古曰：「椎殺人而剽劫之也。椎音直追反，其字從木。剽音頻妙反。掘冢，發冢也。」

〔三〕如淳曰：「跕音蹀足之蹀。躧音屣。」臣瓚曰：「躡跟爲跕，挂指爲躧。」師古曰：「跕音它頰反。躧字與屣同。屣謂小履之無跟者也。跕謂輕躡之也。」

邯鄲北通燕、涿，南有鄭、衞，漳、河之間一都會也。其土廣俗雜，大率精急，高氣勢，輕爲姦。

太原、上黨又多晉公族子孫，以詐力相傾，矜夸功名，報仇過直，〔一〕嫁取送死奢靡。〔二〕漢興，號爲難治，常擇嚴猛之將，或任殺伐爲威。父兄被誅，子弟怨憤，至告訐刺史二千石，〔三〕或報殺其親屬。

〔一〕師古曰：「直，亦當也。」

〔二〕師古曰：「取讀曰娶。其下並同。」

〔三〕師古曰：「訐，面相斥罪也，音居列反，又音居謁反。」

鍾、代、石、北，迫近胡寇，〔一〕民俗懻忮，〔二〕好氣爲姦，不事農商，自全晉時，已患其剽悍，〔三〕而武靈王又益厲之。故冀州之部，盜賊常爲它州劇。

〔一〕如淳曰：「鍾，所在未聞。石，山險之限，在上曲陽。」

〔二〕臣瓚曰：「懻音冀，今北土名彊直爲懻中。」師古曰：「懻，堅也。忮，恨也，音章豉反。」

〔三〕師古曰：「剽，急也，輕也。悍，勇也。剽音頻妙反，又音疋妙反。悍音胡旦反。」

定襄、雲中、五原，本戎狄地，頗有趙、齊、衞、楚之徙。〔一〕其民鄙朴，少禮文，好射獵。雁門亦同俗，於天文別屬燕。

〔二〕師古曰：「言四國之人被遷徙來居之。」

燕地，尾、箕分壄也。武王定殷，封召公於燕，其後三十六世與六國俱稱王。東有漁陽、右北平、遼西、遼東，西有上谷、代郡、雁門，南得涿郡之易、容城、范陽、北新城、故安、涿縣、良鄉、新昌，及勃海之安次，皆燕分也。樂浪、玄菟，亦宜屬焉。

燕稱王十世，秦欲滅六國，燕王太子丹遣勇士荆軻西刺秦王，不成而誅，秦遂舉兵滅燕。

薊，南通齊、趙，勃、碣之間一都會也。〔一〕初太子丹賓養勇士，不愛後宮美女，民化以爲俗，至今猶然。賓客相過，以婦侍宿，嫁取之夕，男女無別，反以爲榮。後稍頗止，然終未改。其俗愚悍少慮，輕薄無威，亦有所長，敢於急人，〔二〕燕丹遺風也。

〔一〕師古曰：「薊縣，燕之所都也。勃，勃海也。碣，碣石也。」

〔二〕如淳曰：「赴人之急，果於赴難也。」

上谷至遼東，地廣民希，數被胡寇，俗與趙、代相類，有魚鹽棗栗之饒。北隙烏丸、夫餘，〔一〕東賈眞番之利。

〔一〕如淳曰：「有怨隙也。或曰，隙，際也。」師古曰：「訓際是也。烏丸，本東胡也，爲冒頓所滅，餘類保烏丸山，因以爲號。夫餘在長城之北，去玄菟千里。夫讀曰扶。」

玄菟、樂浪，武帝時置，皆朝鮮、濊貉、句驪蠻夷。〔一〕殷道衰，箕子去之朝鮮，〔二〕教其民以禮義，田蠶織作。樂浪朝鮮民犯禁八條：〔三〕相殺以當時償殺；相傷以穀償；相盜者男沒入爲其家奴，女子爲婢，欲自贖者，人五十萬。雖免爲民，俗猶羞之，嫁取無所讎，〔四〕是以其民終不相盜，無門戶之閉，婦人貞信不淫辟。〔五〕其田民飲食以籩豆，〔六〕都邑頗放效吏及內郡賈人，往往以杯器食。〔七〕郡初取吏於遼東，吏見民無閉臧，及賈人往者，夜則爲盜，俗稍益薄。今於犯禁寖多，至六十餘條。可貴哉，仁賢之化也！然東夷天性柔順，異於三方之外，〔八〕故孔子悼道不行，設浮於海，欲居九夷，有以也夫！〔九〕樂浪海中有倭人，分爲百餘國，以歲時來獻見云。〔一〇〕

〔一〕師古曰：「濊音穢，字或作薉，其音同。」

〔二〕師古曰：「史記云『武王伐紂，封箕子於朝鮮』，與此不同。」

〔三〕師古曰：「八條不具見。」

〔四〕師古曰：「讎，匹也。一曰，讎讀曰售。」

〔五〕師古曰：「辟讀曰僻。」

〔六〕師古曰：「以竹曰籩，以木曰豆，若今之槃也。槃音其敬反。」

〔七〕師古曰：「都邑之人頗用杯器者，效吏及賈人也。放音甫往反。」

〔八〕師古曰：「三方，謂南、西、北也。」

〔九〕師古曰：「論語稱孔子曰：『道不行，乘桴浮於海，從我者其由也歟！』言欲乘桴筏而適東夷，以其國有仁賢之化，可以行道也。桴音孚。筏音伐。」

〔一〇〕如淳曰：「如墨委面，在帶方東南萬里。」臣瓚曰：「倭是國名，不謂用墨，故謂之委也。」師古曰：「如淳云『如墨委面』，蓋音委字耳，此音非也。倭音一戈反，今猶有倭國。魏略云倭在帶方東南大海中，依山島爲國，度海千里，復有國，皆倭種。」

自危四度至斗六度，謂之析木之次，燕之分也。

齊地，虛、危之分壄也。東有甾川、東萊、琅邪、高密、膠東，南有泰山、城陽，北有千乘，清河以南，勃海之高樂、高城、重合、陽信，西有濟南、平原，皆齊分也。

少昊之世有爽鳩氏，虞、夏時有季萴，〔一〕湯時有逢公柏陵，殷末有薄姑氏，皆爲諸侯，國此地。至周成王時，薄姑氏與四國共作亂，成王滅之，以封師尚父，是爲太公。〔二〕詩風齊國是也。臨甾名營丘，故齊詩曰：「子之營兮，遭我虖嶩之間兮。」〔三〕又曰：「竢我於著乎而。」〔四〕此亦其舒緩之體也。吳札聞齊之歌，曰：「泱泱乎，大風也哉！〔五〕其太公乎？國未可量也。」

〔一〕師古曰："崱音仕力反。"
〔二〕師古曰："武王封太公於齊，初未得爽鳩之地，成王以益之也。"
〔三〕師古曰："齊國風營詩之辭也。毛詩作還，齊詩作營。之，往也。嶩，山名也，字或作峱，亦作巙，音皆乃高反。言往適營丘而相逢於嶩山也。"
〔四〕師古曰："齊國風著詩之辭也。著，地名，即濟南郡著縣也。乎而，語助也。一曰，門屏之間曰著，音直庶反。"
〔五〕師古曰："泱泱，弘大之意也，音烏郎反。"

古有分土，亡分民。〔一〕太公以齊地負海舄鹵，少五穀而人民寡，〔二〕乃勸以女工之業，通魚鹽之利，而人物輻湊。後十四世，桓公用管仲，設輕重以富國，〔三〕合諸侯成伯功，〔四〕身在陪臣而取三歸。〔五〕故其俗彌侈，織作冰紈綺繡純麗之物，〔六〕號爲冠帶衣履天下。〔七〕

〔一〕師古曰："有分土者，謂立封疆也。無分民者，謂通往來不常厥居也。"
〔二〕師古曰："舄鹵，解在食貨志。"
〔三〕師古曰："解在食貨志。"
〔四〕師古曰："伯讀曰霸。"
〔五〕師古曰："三歸，三姓之女。"
〔六〕如淳曰："紈，白熟也。純，緣也，謂絛組之屬也。麗，好也。"臣瓚曰："冰紈，紈細密堅如冰者也。純麗，溫純美麗之物也。"師古曰："如說非也。冰，謂布帛之細，其色鮮絜如冰者也。紈，素也。綺，文繒也，即今之所謂細綾也。

純，精好也。纚，華靡也。紈音丸。純音淳。」

〔七〕師古曰：「言天下之人冠帶衣履，皆仰齊地。」

初太公治齊，修道術，尊賢智，賞有功，故至今其士多好經術，矜功名，舒緩闊達而足智。其失夸奢朋黨，言與行繆，虛詐不情，〔一〕急之則離散，緩之則放縱。始桓公兄襄公淫亂，姑姊妹不嫁，於是令國中民家長女不得嫁，名曰「巫兒」，為家主祠，嫁者不利其家，民至今以為俗。痛乎，道民之道，可不慎哉！〔二〕

〔一〕師古曰：「不可得其情。」

〔二〕師古曰：「上道讀曰導。」

昔太公始封，周公問「何以治齊？」太公曰：「舉賢而上功。」周公曰：「後世必有篡殺之臣。」其後二十九世為彊臣田和所滅，而和自立為齊侯。初，和之先陳公子完有罪來奔齊，〔一〕齊桓公以為大夫，更稱田氏。九世至和而篡齊，至孫威王稱王，五世為秦所滅。

〔一〕師古曰：「公子完，陳厲公之子也。左氏傳魯莊二十二年『陳人殺其太子禦寇，公子完與顓孫奔齊』，蓋禦寇之黨也。」

臨甾，海、岱之間一都會也，其中具五民云。〔一〕

〔一〕服虔曰：「士、農、商、工、賈也。」如淳曰：「遊子樂其俗，不復歸，故有五方之民也。」師古曰：「如說是。」

魯地，奎、婁之分壄也。東至東海，南有泗水，至淮，得臨淮之下相、睢陵、僮、取慮，皆魯分也。〔一〕

〔一〕師古曰：「睢音雖。取音趨，又音秋。慮音閭。」

周興，以少昊之虛曲阜封周公子伯禽爲魯侯，〔一〕以爲周公主。〔二〕其民有聖人之教化，故孔子曰「齊一變至於魯，魯一變至於道」，言近正也。〔三〕瀕洙泗之水，〔四〕其民涉度，幼者扶老而代其任。〔五〕俗既益薄，長老不自安，與幼少相讓，故曰：「魯道衰，洙泗之間齗齗如也。」〔六〕孔子閔王道將廢，乃修六經，以述唐虞三代之道，弟子受業而通者七十有七人。是以其民好學，上禮義，重廉恥。周公始封，太公問「何以治魯？」周公曰：「尊尊而親親。」太公曰：「後世寖弱矣。」〔七〕故魯自文公以後，禄去公室，政在大夫，季氏逐昭公，陵夷微弱，三十四世而爲楚所滅。然本大國，故自爲分壄。

〔一〕師古曰：「少昊，金天氏之（地）〔帝〕。」

〔二〕師古曰：「主周公之祭祀。」

〔三〕師古曰：「魯庶幾至道，齊人不如魯也。」

〔四〕師古曰：「言所居皆邊於一水也。瀕音頻，又音賓。」

〔五〕師古曰：「任，負戴也。」

〔六〕師古曰：「斷斷，分辨之意也，音牛斤反。」

〔七〕師古曰：「言漸微弱也。」

今去聖久遠，周公遺化銷微，孔氏庠序衰壞。地陜民衆，頗有桑麻之業，亡林澤之饒。俗儉嗇愛財，趨商賈，好訾毁，多巧僞，〔一〕喪祭之禮文備實寡，然其好學猶愈於它俗。〔二〕

〔一〕師古曰：「以言相毁曰訾。訾音子爾反。」

〔二〕師古曰：「愈，勝也。」

漢興以來，魯東海多至卿相。東平、須昌、壽良，皆在濟東，屬魯，非宋地也，當考。〔一〕

〔一〕師古曰：「當考者，言當更考覈之，其事未審。」

宋地，房、心之分壄也。今之沛、梁、楚、山陽、濟陰、東平及東郡之須昌、壽張，皆宋分也。

周封微子於宋，今之睢陽是也，本陶唐氏火正閼伯之虚也。濟陰定陶，詩風曹國也。武王封弟叔振鐸於曹，其後稍大，得山陽、陳留，二十餘世爲宋所滅。

昔堯作游成陽，〔一〕舜漁靁澤，〔二〕湯止于亳，故其民猶有先王遺風，重厚多君子，好稼穡，惡衣食，以致畜藏。〔三〕

〔一〕如淳曰：「作，起也。成陽在定陶，今有堯冢靈臺。」師古曰：「作游者，言爲宮室遊止之處也。」
〔二〕師古曰：「漁，捕魚也。靁，古雷字。」
〔三〕師古曰：「畜讀曰蓄。」

宋自微子二十餘世，至景公滅曹，滅曹後五世亦爲齊、楚、魏所滅，參分其地。魏得其梁、陳留，齊得其濟陰、東平，楚得其沛。故今之楚彭城，本宋也，春秋經曰「圍宋彭城」。宋雖滅，本大國，故自爲分野。

沛楚之失，急疾顓己，地薄民貧，〔一〕而山陽好爲姦盜。

〔一〕師古曰：「顓與專同。急疾顓己，言性褊狹而自用。」

衞地，營室、東壁之分壄也。今之東郡及魏郡黎陽，河內之野王、朝歌，皆衞分也。

衞本國既爲狄所滅，〔一〕文公徙封楚丘，三十餘年，子成公徙於帝丘。故春秋經曰「衞遷于帝丘」，〔二〕今之濮陽是也。本顓頊之虚，故謂之帝丘。夏后之世，昆吾氏居之。成公後十餘世，爲韓、魏所侵，盡亡其旁邑，獨有濮陽。後秦滅濮陽，置東郡，徙之於野王。始皇既并天下，猶獨置衞君，二世時乃廢爲庶人。凡四十世，九百年，最後絕，故獨爲分野。

〔一〕師古曰：「衞懿公爲狄人所滅，事在春秋閔公二年。」

〔二〕師古曰：「䙴，古遷字。」

衞地有桑間濮上之阻，〔一〕男女亦亟聚會，聲色生焉，〔二〕故俗稱鄭衞之音。周末有子路、夏育，民人慕之，〔三〕故其俗剛武，上氣力。漢興，二千石治者亦以殺戮爲威。宣帝時韓延壽爲東郡太守，承聖恩，崇禮義，尊諫爭，至今東郡號善爲吏，延壽之化也。其失頗奢靡，嫁取送死過度，而野王好氣任俠，有濮上風。

〔一〕師古曰：「阻者，言其隱阸得肆淫僻之情也。」

〔二〕師古曰：「亟，屢也，音丘吏反。」

〔三〕師古曰：「子路，孔子弟子仲由也，性好勇。夏育亦古之壯士。皆衞人。」

楚地，翼、軫之分壄也。今之南郡、江夏、零陵、桂陽、武陵、長沙及漢中、汝南郡，盡楚分也。

周成王時，封文、武先師鬻熊之曾孫熊繹於荆蠻，爲楚子，居丹陽。後十餘世至熊達，是爲武王，寖以彊大。〔一〕後五世至嚴王，總帥諸侯，觀兵周室，并吞江、漢之間，內滅陳、魯之國。後十餘世，頃襄王東徙于陳。

〔一〕師古曰：「寖，漸也。」

楚有江漢川澤山林之饒；江南地廣，或火耕水耨。民食魚稻，以漁獵山伐爲業，〔一〕果蓏蠃蛤，食物常足。〔二〕故呰窳媮生，而亡積聚，〔三〕飲食還給，不憂凍餓，〔四〕亦亡千金之家。信巫鬼，重淫祀。而漢中淫失枝柱，與巴蜀同俗。〔五〕汝南之別，皆急疾有氣勢。江陵，故郢都，西通巫、巴，東有雲夢之饒，亦一都會也。

〔一〕師古曰：「山伐，謂伐山取竹木。」

〔二〕師古曰：「蠃音來戈反。蛤音閤，似蜯而圓。」

〔三〕應劭曰：「呰，弱也。言風俗朝夕取給媮生而已，無長久之慮也。」如淳曰：「呰或作紫，音紫。窳音庾。」晉灼曰：「呰，病也。窳，惰也。」師古曰：「諸家之說皆非也。呰，短也。窳，弱也。言短力弱材不能勤作，故朝夕取給而無儲偫也。如音是也。」

〔四〕師古曰：「還，及也，言常相及而給足也。」

〔五〕師古曰：「失讀曰泆。柱音竹甫反。枝柱，言意相節卻，不順從也。」

吳地，斗分壄也。今之會稽、九江、丹陽、豫章、廬江、廣陵、六安、臨淮郡，盡吳分也。

殷道既衰，周大王亶父興郊梁之地，長子大伯，次曰仲雍，少曰公季，公季有聖子昌，大王欲傳國焉。大伯、仲雍辭行采藥，遂奔荆蠻。公季嗣位，至昌爲西伯，受命而王。故孔子美而稱曰：「大伯，可謂至德也已矣！三以天下讓，民無得而稱焉。」謂「虞仲夷逸，隱居放言，身中清，廢中權。」〔一〕大伯初奔荆蠻，荆蠻歸之，號曰句吳。〔二〕大伯卒，仲雍立，至曾孫周章，而武王克殷，因而封之。又封周章弟中於河北，是爲北吳，〔三〕後世謂之虞，十二世爲晉所滅。後二世而荆蠻之吳子壽夢盛大稱王。其少子則季札，有賢材。兄弟欲傳國，札讓而不受。自（大伯）壽夢稱王六世，闔廬舉伍子胥、孫武爲將，戰勝攻取，興伯名於諸侯。〔四〕至子夫差，誅子胥，用宰嚭，〔五〕爲粵王句踐所滅。

〔一〕師古曰：「皆論語載孔子之言也。虞仲，即仲雍也。夷逸，言竄於蠻夷而遁逸也。隱居而不言，故其身清潔，所廢中於權道。」

〔二〕師古曰：「句音鉤，夷俗語之發聲也，亦猶越爲于越也。」

〔三〕師古曰：「中讀曰仲。」

〔四〕師古曰：「伯讀曰霸。」

〔五〕師古曰：「嚭音披美反。」

吳、粵之君皆好勇，故其民至今好用劍，輕死易發。

粵既并吳，後六世爲楚所滅。後秦又擊楚，徙壽春，至子爲秦所滅。

壽春、合肥受南北湖皮革、鮑、木之輸，〔一〕亦一都會也。始楚賢臣屈原被讒放流，作離騷諸賦以自傷悼。〔二〕後有宋玉、唐勒之屬慕而述之，皆以顯名。漢興，高祖王兄子濞於吳，招致天下之娛游子弟，枚乘、鄒陽、嚴夫子之徒興於文、景之際。而淮南王安亦都壽春，招賓客著書。而吳有嚴助、朱買臣，貴顯漢朝，文辭並發，故世傳楚辭。其失巧而少信。初淮南王異國中民家有女者，〔三〕以待游士而妻之，故至今多女而少男。〔四〕本吳粵與楚接比，數相并兼，〔五〕故民俗略同。

〔一〕師古曰：「皮革，犀兕之屬也。鮑，鮑魚也。木，楓柟豫章之屬。」

〔二〕師古曰：「諸賦，謂九歌、天問、九章之屬。」

〔三〕晉灼曰：「有女者見優異。」

〔四〕如淳曰：「得女寵，或去男也。」臣瓚曰：「周官職方云『揚州之民，二男而五女』，此風氣非由淮南王安能使多女也。」師古曰：「二說皆非也。志亦言土地風氣既足女矣，因淮南之化，又更聚焉。」

〔五〕師古曰：「比，近也，音頻寐反。」

吳東有海鹽章山之銅，三江五湖之利，亦江東之一都會也。豫章出黃金，然堇堇物之所有，取之不足以更費。〔一〕江南卑溼，丈夫多夭。

〔一〕應劭曰：「菫菫，少也。更，〔賞〕〔償〕也。言金少耳，取不足用顧費用也。」師古曰：「應說非也。此言所出之金既以少矣，自外諸物蓋亦不多，故總言取之不足償功直也。菫讀曰僅。更音庚。」

會稽海外有東鯷人，〔一〕分爲二十餘國，以歲時來獻見云。

〔一〕孟康曰：「音題。」晉灼曰：「音鯷。」師古曰：「孟音是也。」

粵地，牽牛、婺女之分壄也。今之蒼梧、鬱林、合浦、交阯、九眞、南海、日南，皆粵分也。

其君禹後，帝少康之庶子云，封於會稽，〔一〕文身斷髮，以避蛟龍之害。〔二〕後二十世，至句踐稱王，與吳王闔廬戰，敗之雋李。〔三〕夫差立，句踐乘勝復伐吳，吳大破之，棲會稽，〔四〕臣服請平。後用范蠡、大夫種計，遂伐滅吳，兼幷其地。度淮與齊、晉諸侯會，致貢於周。周元王使使賜命爲伯，諸侯畢賀。後五世爲楚所滅，子孫分散，君服於楚。〔五〕後十世，至閩君搖，佐諸侯平秦。漢興，復立搖爲越王。是時，秦南海尉趙佗亦自王，傳國至武帝時，盡滅以爲郡云。

〔一〕臣瓚曰：「自交阯至會稽七八千里，百越雜處，各有種姓，不得盡云少康之後也。按世本，越爲芈姓，與楚同祖，故國語曰『芈姓夔、越』，然則越非禹後明矣。又芈姓之越，亦句踐之後，不謂南越也。」師古曰：「越之爲號，其來尚矣，少康封庶子以主禹祠，君於越地耳。故此志云其君禹後，豈謂百越之人皆禹苗裔？瓚說非也。」

〔二〕應劭曰：「常在水中，故斷其髮，文其身，以象龍子，故不見傷害也。」

〔三〕師古曰：「雋音醉，字本作檇，其旁從木。」

〔四〕師古曰：「會稽，山名。登山而處，以避兵難，言若鳥之棲。」

〔五〕師古曰：「事楚爲君而服從之。」

處近海，多犀、象、毒冒、珠璣、銀、銅、果、布之湊，〔一〕中國往商賈者多取富焉。番禺，其一都會也。

〔一〕韋昭曰：「果謂龍眼、離支之屬。布，葛布也。」師古曰：「毒音代。冒音莫內反。璣謂珠之不圜者也，音祈，又音機。布謂諸雜細布皆是也。」

自合浦徐聞南入海，得大州，東西南北方千里，武帝元封元年略以爲儋耳、珠厓郡。民皆服布如單被，穿中央爲貫頭。〔一〕男子耕農，種禾稻紵麻，女子桑蠶織績。亡馬與虎，民有五畜，〔二〕山多麈麖。〔三〕兵則矛、盾、刀，木弓弩，竹矢，或骨爲鏃。〔四〕自初爲郡縣，吏卒中國人多侵陵之，故率數歲壹反。元帝時，遂罷棄之。

〔一〕師古曰：「著時從頭而貫之。」

〔二〕師古曰：「牛、羊、豕、鷄、犬。」

〔三〕師古曰：「麈似鹿而大，麖似鹿而小。麈音主。麖音京。」

〔四〕師古曰：「鏃，矢鋒，音子木反。」

自日南障塞、徐聞、合浦船行可五月，有都元國；又船行可四月，有邑盧沒國；又船行可二十餘日，有諶離國；〔一〕步行可十餘日，有夫甘都盧國。〔二〕自夫甘都盧國船行可二月餘，有黃支國，民俗略與珠厓相類。其州廣大，戶口多，多異物，自武帝以來皆獻見。有譯長，屬黃門，與應募者俱入海市明珠、璧流離、奇石異物，齎黃金雜繒而往。所至國皆稟食爲耦，〔三〕蠻夷賈船，轉送致之。亦利交易，剽殺人。〔四〕又苦逢風波溺死，不者數年來還。大珠至圍二寸以下。平帝元始中，王莽輔政，欲燿威德，厚遺黃支王，令遣使獻生犀牛。自黃支船行可八月，到皮宗；船行可〔八〕〔二〕月，到日南、象林界云。黃支之南，有已程不國，漢之譯使自此還矣。

〔一〕師古曰：「諶音士林反。」

〔二〕師古曰：「都盧國人勁捷善緣高，故張衡西京賦云『烏獲扛鼎，都盧尋橦』，又曰『非都盧之輕趫，孰能超而究升』也。夫音扶。」

〔三〕師古曰：「稟，給也。耦，媲也。給其食而侶媲之，相隨行也。」

〔四〕師古曰：「剽，劫也，音頻妙反。」

校勘記

一六二〇頁五行　北至抱罕東入(西)〔河〕。　景祐、殿、局本都作「河」。　王鳴盛說作「河」是。

一六二一頁一五行　西有(畢)〔卑〕和羌，　景祐、殿本都作「卑」。　王先謙說作「卑」是。

一六二三頁一五行　鸞(鳥)〔烏〕，　景祐、殿本都作「烏」。　段玉裁說作「烏」是。

一六二三頁七行　(曰)〔日〕勒，　殿本考證說，按匈奴傳當作「日勒」。

一六二四頁三行　治偃(前)〔泉〕障。　景祐本作「泉」，殿本作「水」。

一六二五頁二行　月(支)〔氏〕道。　景祐、殿、局本都作「氏」。

一六二六頁四行　祖音(置)〔罝〕。　景祐、殿本都作「罝」。

一六二六頁八行　沮水出(東，西)〔西，東〕入洛。　王念孫、陳澧、王先謙都說「西」「東」誤倒。

一六二八頁二行　莽曰(堅)〔監〕水。　景祐、殿本都作「監」。　王先謙說作「監」是。

一六三二頁七行　虖池河東至參(合)〔戶〕入虖池別，　齊召南說「參合」當是「參戶」之誤。　王念孫說齊說是。

一六三三頁八行　(樂陽)〔陽樂〕水出東，(東)〔南〕入(海)〔沽〕。　王念孫說「樂陽」當爲「陽樂」，「入海」當爲「入沽」。　王鳴盛說南監本下「東」作「南」，是。　按殿本亦作「南」。

一六三三頁一四行　莽曰(北順)〔通路〕。　景祐、殿本都作「通路」。　王先謙說此涉下右北平而誤。

一六三六頁四行　莽曰(受)〔文〕亭。　景祐、殿本都作「文」。　王先謙說作「文」是。

一六二六頁七行　說讀曰(倪)〔悅〕。　景祐、殿本都作「悅」。

一六二七頁九行　東(郡)〔部〕都尉治。　朱一新說汪本「郡」作「部」，是。按景祐、殿本都作「部」。

一六二八頁一三行　又有斤(員)〔南〕水。　景祐本作「南」，溫水注同。

一六二八頁一三行　〔周〕水首受無斂，　王先謙說「水」上奪「周」字。

一六二九頁九行　三〔十〕七。　「十」字據景祐、殿本補。

一六三八頁八行　(入淮南)〔南入淮〕。　王鳴盛說南監本作「南入淮」，是。按景祐、殿本都同南監本。

一六三九頁五行　(收)〔攸〕。　景祐、殿本「收」作「攸」。

一六三九頁一五行　以其郡(大)〔太〕大，　上「大」字殿本作「太」。

一六四〇頁一〇行　漢承百(年)〔王〕之末，　朱一新說汪本「年」作「王」，是。按景祐、殿本都作「王」。

一六四〇頁一一行　成帝時劉向略言其(域)〔地〕分，　景祐、殿本都作「地」。

一六四二頁一行　造音(於)〔千〕到反。　景祐、殿、局本都作「千」。

一六四三頁一四行　厝，古錯(反)〔字〕。　景祐、殿本都作「字」。朱一新說作「字」是。

一六四五頁二行　(古)〔故〕涼州之畜爲天下饒。　景祐、殿本都作「故」。朱一新說作「故」是。

一六四六頁一〇行　(秦幽)吳札觀樂，爲之歌秦，　王念孫說「秦幽」二字衍。

一六五一頁三行　(三)〔二〕都得百里者〔百〕，方千里也。　朱一新說「三都」當作「二都」，謂宗周及雒邑也。「者」下當有「百」字。按景祐、殿本都作「二都」，「者」下都有「百」字。

一六五二頁七行　（威）〔桓〕公死，景祐、殿本都作「桓」。

一六五三頁七行　右雒左（沛）〔泲〕，朱一新說「沛」當作「泲」。按景祐、殿本都作「泲」。

一六五四頁九行　高（士）〔仕〕宦，景祐、殿本都作「仕」。錢大昭說作「仕」是。

一六五八頁八行　有以也夫！（九）　注〔九〕原在「也」字下。劉攽說「夫」字宜屬上句。

一六六二頁二行　金天氏之（地）〔帝〕。景祐、殿本都作「帝」。

一六六七頁七行　自（大伯）壽夢稱王六世，陳奐說「大伯」二字疑衍。

一六六九頁一行　更，（賞）〔償〕也。景祐、殿、局本都作「償」。

一六七一頁八行　船行可（八）〔二〕月，景祐、殿本都作「二」。

漢書卷二十九

溝洫志第九

應劭曰：「溝廣四尺，深四尺；洫廣深倍於溝。」師古曰：「洫音許域反。」

夏書：禹堙洪水十三年，〔一〕過家不入門。陸行載車，水行乘舟，泥行乘毳，〔二〕山行則梮，〔三〕以別九州；〔四〕隨山浚川，〔五〕任土作貢；〔六〕通九道，陂九澤，度九山。〔七〕然河災之羨溢，害中國也尤甚。〔八〕唯是爲務，故道河自積石，〔九〕歷龍門，南到華陰，東下底柱，〔一〇〕及盟津、雒內，至于大伾。〔一一〕於是禹以爲河所從來者高，水湍悍，難以行平地，〔一二〕數爲敗，乃釃二渠以引其河，〔一三〕北載之高地，過洚水，至於大陸，播爲九河，〔一四〕同爲迎河，入于勃海。〔一五〕九川既疏，九澤既陂，諸夏乂安，〔一六〕功施乎三代。

〔一〕如淳曰：「堙，沒也。」師古曰：「堙，塞也。洪水氾溢，疏通而止塞之。堙音因。」

〔二〕孟康曰：「毳形如箕，擿行泥上。」如淳曰：「毳音茅蕝之蕝。謂以板置泥上以通行路也。」師古曰：「孟說是也。毳讀如本字。」

〔三〕如淳曰：「梮謂以鐵如錐頭，長半寸，施之履下，以上山，不蹉跌也。」韋昭曰：「梮，木器，如今輿牀，人轝以行也。」師古曰：「如說是也。梮音居足反。」

〔四〕師古曰：「分其界。」

〔五〕師古曰：「順山之高下而深其流。」

〔六〕師古曰：「任其土地所有以定貢賦之差也。」

〔七〕師古曰：「言通九州之道，及鄣遏其澤，商度其山也。度音大各反。」

〔八〕師古曰：「羨讀與衍同，音弋展反。」

〔九〕師古曰：「道，治也，引也。從積石山而治引之令通流也。道讀曰導。」

〔一〇〕師古曰：「底音之履反。」

〔一一〕鄭氏曰：「山一成爲伾，在修武、武德界。」張晏曰：「成皐縣山是也。」臣瓚以爲今修武、武德無此山也。成皐縣山又不一成也。今黎陽山臨河，豈是乎？」師古曰：「內讀曰汭。伾音皮彼反。解在地理志。」

〔一二〕師古曰：「急流曰湍。悍，勇也。湍音它端反。」

〔一三〕孟康曰：「釃，分也。分其流，泄其怒也。二渠，其一出貝丘西南南折者也，其一則漯川也。河自王莽時遂空，唯用漯耳。」師古曰：「釃音山支反。漯音它合反。」

〔一四〕師古曰：「播，布也。」

〔一五〕臣瓚以爲「禹貢『夾右碣石入于河』，則河入海乃在碣石也。武帝元光二年，河移徙東郡，更注勃海。禹時不注也。」師古曰：「解在地理志。」

〔一六〕師古曰：「疏，分流。」

自是之後，滎陽下引河東南爲鴻溝，以通宋、鄭、陳、蔡、曹、衞，與濟、汝、淮、泗會。於楚，西方則通渠漢川、雲夢之際，東方則通溝江淮之間。於吴，則通渠三江、五湖。於齊，則通淄濟之間。於蜀，則蜀守李冰鑿離𡾰，〔一〕避沫水之害，〔二〕穿二江成都中。此渠皆可行舟，有餘則用溉，〔三〕百姓饗其利。至於它，往往引其水，用溉田，溝渠甚多，然莫足數也。

〔一〕晉灼曰：「𡾰，古堆字也。𡾰，岸也。」師古曰：「音丁回反。」

〔二〕師古曰：「沫音本末之末。水出蜀西南徼外，東南入江。」

〔三〕師古曰：「溉，灌也，音工代反。」

魏文侯時，西門豹爲鄴令，有令名。〔一〕至文侯曾孫襄王時，與羣臣飲酒，王爲羣臣祝曰：「令吾臣皆〔如〕西門豹之爲人臣也！」史起進曰：「魏氏之行田也以百畝，〔二〕鄴獨二百畝，是田惡也。漳水在其旁，西門豹不知用，是不智也。知而不興，是不仁也。仁智豹未之盡，何足法也！」於是以史起爲鄴令，遂引漳水溉鄴，以富魏之河內。民歌之曰：「鄴有賢令兮爲史公，決漳水兮灌鄴旁，終古舃鹵兮生稻粱。」〔三〕

〔一〕師古曰：「有善政之稱。」

〔二〕師古曰：「賦田之法，一夫百畝也。」

〔三〕蘇林曰：「終古，猶言久古也。爾雅曰『鹵，鹹苦也』。」師古曰：「舄卽斥鹵也。謂鹹鹵之地也。」

其後韓聞秦之好興事，欲罷之，無令東伐。〔一〕乃使水工鄭國間說秦，〔二〕令鑿涇水，自中山西邸瓠口爲渠，〔三〕並北山，東注洛，三百餘里，〔四〕欲以溉田。中作而覺，〔五〕秦欲殺鄭國。鄭國曰：「始臣爲間，然渠成亦秦之利也。臣爲韓延數歲之命，而爲秦建萬世之功。」秦以爲然，卒使就渠。渠成而用（溉）注填閼之水，溉舄鹵之地四萬餘頃，收皆畝一鍾。〔六〕於是關中爲沃野，無凶年，秦以富彊，卒并諸侯，因名曰鄭國渠。

〔一〕如淳曰：「息秦滅韓之計也。」師古曰：「罷讀曰疲，令其疲勞不能出兵。」

〔二〕師古曰：「間音居莧反。其下亦同。」

〔三〕師古曰：「中讀曰仲，卽今九嵕之東仲山也。邸，至也。」

〔四〕師古曰：「並音步浪反。洛水，卽馮翊漆沮水。」

〔五〕師古曰：「中作，謂用功中道，事未竟也。」

〔六〕師古曰：「注，引也。閼讀與淤同，音於據反。填閼謂壅泥也。言引淤濁之水灌鹹鹵之田，更令肥美，故一畝之收至六斛四斗。」

漢興〔一〕三十有九年，孝文時河決酸棗，東潰金隄，〔二〕於是東郡大興卒塞之。

〔一〕師古曰：「瀆，横決也。金隄，河隄名也，在東郡白馬界。隄音丁奚反。」

其後三十六歲，孝武元光中，河決於瓠子，東南注鉅野，〔一〕通於淮、泗。上使汲黯、鄭當時興人徒塞之，輒復壞。是時武安侯田蚡爲丞相，其奉邑食鄃。鄃居河北，〔二〕河決而南則鄃無水災，邑收入多。蚡言於上曰：「江河之決皆天事，未易以人力彊塞，彊塞之未必〔順〕〔應〕天。」而望氣用數者亦以爲然，是以久不復塞也。

〔一〕師古曰：「鉅野，澤名，舊屬兗州界，即今之鄆州鉅野縣。」

〔二〕師古曰：「奉音扶用反。鄃音輸，清河之縣也。」

時鄭當時爲大司農，言「異時關東漕粟從渭上，〔一〕度六月罷，〔二〕而渭水道九百餘里，時有難處。引渭穿渠起長安，旁南山下，〔三〕至河三百餘里，徑，易漕，〔四〕度可令三月罷；〔罷〕而渠下民田萬餘頃又可得以溉。此〔捐〕〔損〕漕省卒，而益肥關中之地，得穀。」上以爲然，令齊人水工徐伯表，〔五〕發卒數萬人穿漕渠，三歲而通。以漕，大便利。其後漕稍多，而渠下之民頗得以溉矣。

〔一〕師古曰：「異時，往時也。」

〔二〕師古曰：「計度其功，六月而後可罷也。度音大各反。」

〔三〕師古曰：「旁音步浪反。」

〔四〕〔師古曰：「徑，直也。易音弋豉反。」〕

〔五〕師古曰：「巡行穿渠之處而表記之，今之豎標是。」

後河東守番係〔一〕言：「漕從山東西，歲百餘萬石，〔二〕更底柱之艱，〔三〕敗亡甚多而煩費。穿渠引汾溉皮氏、汾陰下，引河溉汾陰、蒲坂下，〔四〕度可得五千頃。故盡河壖棄地，〔五〕民茭牧其中耳，〔六〕今溉田之，〔七〕度可得穀二百萬石以上。穀從渭上，與關中無異，〔八〕而底柱之東可毋復漕。」上以爲然，發卒數萬人作渠田。數歲，河移徙，渠不利，田者不能償種。〔九〕久之，河東渠田廢，予越人，令少府以爲稍入。〔一〇〕

〔一〕師古曰：「姓番名係也。番音普安反。」

〔二〕師古曰：「謂從山東運漕而西入關也。」

〔三〕師古曰：「更，歷也，音庚。」

〔四〕師古曰：「引汾水可用溉皮氏及汾陰以下，而引河水可用溉汾陰及蒲坂以下，地形所宜也。」

〔五〕師古曰：「謂河岸以下緣河邊地素不耕墾者也。壖音而緣反。」

〔六〕師古曰：「茭，乾草也。謂收茭草及牧畜產於其中。茭音交。」

〔七〕師古曰：「溉而種之。」

〔八〕師古曰：「雖從關外而來，於渭水運上，皆可致之，故曰與關中收穀無異也。」

〔九〕師古曰：「言所收之直不足償糧種之費也。種音之勇反。」

〔一〇〕如淳曰：「時越人有徙者，以田與之，其租稅入少府也。」師古曰：「越人習於水田，又新至，未有業，故與之也。稍，漸也。其入未多，故謂之稍也。」

其後人有上書，欲通褒斜道及漕，〔一〕事下御史大夫張湯。湯問之，言「抵蜀從故道，故道多阪，回遠。〔二〕今穿褒斜道，少阪，近四百里；而褒水通沔，斜水通渭，皆可以行船漕。漕從南陽上沔入褒，褒絕水至斜，間百餘里，以車轉，從斜下渭。如此，漢中穀可致，而山東從沔無限，便於底柱之漕。且褒斜材木竹箭之饒，儗於巴蜀。」〔三〕上以爲然。拜湯子卬爲漢中守，發數萬人作褒斜道五百餘里。道果便近，而水多湍石，不可漕。

〔一〕師古曰：「褒、斜，二谷名，其谷皆各自有水耳。斜音弋奢反。」

〔二〕師古曰：「抵，至也。故道屬武都，有蠻夷，故曰道，即今鳳州界也。回音胡內反。」

〔三〕師古曰：「儗，比也。」

其後嚴熊言「臨晉民願穿洛以溉重泉以東萬餘頃故惡地。〔一〕誠即得水，可令畝十石。」於是爲發卒萬人穿渠，自徵引洛水至商顏下。〔二〕岸善崩，〔三〕乃鑿井，深者四十餘丈。往往爲井，井下相通行水。水隤以絕商顏，〔四〕東至山領十餘里間。井渠之生自此始。穿得龍骨，故名曰龍首渠。作之十餘歲，渠頗通，猶未得其饒。

〔一〕師古曰：「臨晉、重泉皆馮翊之縣也。洛即漆沮水。」

〔二〕應劭曰：「徵在馮翊。商顏，山名也。」師古曰：「徵音懲，即今所謂澄城也。商顏，商山之顏也。謂之顏者，譬人之顏額也，亦猶山（額）〔領〕象人之頸領。」

〔三〕如淳曰：「洛水岸也。」師古曰：「善崩，言憙崩也。」

〔四〕師古曰：「下流曰隤。」

自河決瓠子後二十餘歲，歲因以數不登，而梁楚之地尤甚。上既封禪，巡祭山川，其明年，乾封少雨。〔一〕上乃使汲仁、郭昌發卒數萬人塞瓠子決河。於是上以用事萬里沙，則還自臨決河，湛白馬玉璧，〔二〕令羣臣從官自將軍以下皆負薪寘決河。〔三〕是時東郡燒草，以故薪柴少，而下淇園之竹以爲揵。〔四〕上既臨河決，悼功之不成，乃作歌曰：

〔一〕師古曰：「乾音干。解在郊祀志。」

〔二〕師古曰：「湛讀曰沈。沈馬及璧以禮水神也。」

〔三〕師古曰：「寘音大千反。」

〔四〕晉灼曰：「淇園，衞之苑也。」如淳曰：「樹竹塞水決之口，稍稍布插按樹之，水稍弱，補令密，謂之揵。以草塞其裏，乃以土填之。有石，以石爲之。」師古曰：「揵音其偃反。」

瓠子決兮將奈何？浩浩洋洋，慮殫爲河。〔一〕殫爲河兮地不得寧，功無已時兮吾山平。〔二〕吾山平兮鉅野溢，〔三〕魚弗鬱兮柏冬日。〔四〕正道弛兮離常流，〔五〕蛟龍騁兮放遠游。歸舊川兮神哉沛，〔六〕不封禪兮安知外！〔七〕皇謂河公兮何不仁，〔八〕泛濫不止兮愁吾人！齧桑浮兮淮、泗滿，〔九〕久不反兮水維緩。〔一〇〕

〔一〕如淳曰：「殫，盡也。」師古曰：「浩浩洋洋，皆水盛皃。慮猶恐也。浩音胡老反。洋音羊。」

〔二〕如淳曰：「恐水漸山使平也。」韋昭曰：「鑿山以填河。」師古曰：「韋說是也。已，止也。言用功多不可畢止也。」

〔三〕如淳曰：「瓠子決，灌鉅野澤使溢也。」

〔四〕孟康曰：「鉅野滿溢，則衆魚弗鬱而滋長，迫冬日乃止也。」師古曰：「孟說非也。弗鬱，憂不樂也。水長涌溢，濊濁不清，故魚不樂，又迫於冬日，將甚困也。柏讀與迫同。弗音佛。」

〔五〕晉灼曰：「言河道皆弛壞。」

〔六〕臣瓚曰：「水還舊道，則羣害消除，神祐滂沛也。」師古曰：「沛音普大反。」

〔七〕師古曰：「言不因巡（將）〔狩〕封禪而出，則不知關外有此水。」

〔八〕張晏曰：「皇，武帝也。河公，河伯也。」

〔九〕如淳曰：「齧桑，邑名，爲水所浮漂。」

〔一〇〕師古曰：「水維，水之綱維也。」

一曰：

河湯湯兮激潺湲，〔一〕北渡回兮迅流難。〔二〕搴長茭兮湛美玉，〔三〕河公許兮薪不屬。〔四〕薪不屬兮衞人罪，〔五〕燒蕭條兮噫乎何以御水！〔六〕隤林竹兮揵石菑，〔七〕宣防塞兮萬福來。

〔一〕師古曰：「歌有二章，自『河湯湯』以下更是其一，故云一曰也。湯湯，疾貌也。潺湲，激流也。湯音傷。潺音仕連反。湲音于權反。」

〔二〕師古曰：「迅，疾也，音訊。」

〔三〕如淳曰：「搴，取也。茭，草也，音（茭）〔郊〕。一曰，茭，竿也。取長竿樹之，用著石間以塞決河也。」臣瓚曰：「竹葦絙謂之茭也，所以引置土石也。」師古曰：「瓚說是也。搴，拔也。絙，索也。湛美玉者，以祭河也。茭字宜從竹。搴音騫。茭音交，又音爻。湛讀曰沈。絙音工登反。」

〔四〕如淳曰：「旱燒，故薪不足也。」師古曰：「沈玉禮神，見許福祐，但以薪不屬逮，故無功也。屬音之欲反。」

〔五〕師古曰：「東郡本衞地，故言此衞（之人）〔人之〕罪也。」

〔六〕師古曰：「燒草皆盡，故野蕭條然也。噫乎，歎辭也。噫音於期反。」

〔七〕師古曰：「隤林竹者，即上所說『下淇園之竹以為揵』也。石菑者謂臿石立之，然後以土就填塞也。菑亦臿耳，音側其反，義與（剸）〔插〕同。」

於是卒塞瓠子，築宮其上，名曰宣防。而道河北行二渠，復禹舊迹，〔一〕而梁、楚之地復寧，無水災。

〔一〕師古曰：「道讀曰導。」

自是之後，用事者爭言水利。朔方、西河、河西、酒泉皆引河及川谷以溉田。而關中靈軹、成國、湋渠〔一〕引諸川，汝南、九江引淮，東海引鉅定，〔二〕泰山下引汶水，〔三〕皆穿渠為溉田，各萬餘頃。它小渠及陂山通道者，不可勝言也。〔四〕

〔一〕如淳曰：「地理志『盩厔有靈軹渠』。成國，渠名，在陳倉。湋音韋，水出韋谷。」

〔二〕臣瓚曰：「鉅定，澤名也。」

〔三〕師古曰：「汝音問。」

〔四〕師古曰：「陂山，因山之形也。道，引也。陂音彼義反。道讀曰導。一曰，陂山，遏山之流以爲陂也，音彼皮反。」

自鄭國渠起，至元鼎六年，百三十六歲，而兒寬爲左內史，奏請穿鑿六輔渠，〔一〕以益溉鄭國傍高卬之田。〔二〕上曰：「農，天下之本也。泉流灌寖，所以育五穀也。〔三〕左、右內史地，名山川原甚衆，細民未知其利，故爲通溝瀆，畜陂澤，〔四〕所以備旱也。今內史稻田租挈重，不與郡同，〔五〕其議減。令吏民勉農，盡地利，平繇行水，勿使失時。」〔六〕

〔一〕師古曰：「在鄭國渠之裏，今尙謂之輔渠，亦曰六渠也。」

〔二〕師古曰：「素不得鄭國之溉灌者也。卬謂上向也，讀曰仰。」

〔三〕師古曰：「寖，古浸字。」

〔四〕師古曰：「畜讀曰蓄。」

〔五〕師古曰：「租挈，收田租之約令也。郡謂四方諸郡也。挈音苦計反。」

〔六〕師古曰：「平繇者，均齊渠堰之力役，謂俱得水利也。繇讀曰傜。」

後十六歲，太始二年，趙中大夫白公〔一〕復奏穿渠。引涇水，首起谷口，尾入櫟陽，〔二〕注渭中，袤二百里，〔三〕溉田四千五百餘頃，因名曰白渠。民得其饒，歌之曰：「田於何所？池陽、谷口。鄭國在前，白渠起後。〔四〕舉臿爲雲，決渠爲雨。〔五〕涇水一石，其泥數斗。且溉且糞，長我禾黍。〔六〕衣食京師，億萬之口。」言此兩渠饒也。

〔一〕鄭氏曰：「白，姓。公，爵。時人多相謂爲公。」師古曰：「此時無公爵也，蓋相呼尊老之稱耳。」
〔二〕師古曰：「谷口即今雲陽縣治谷是。」
〔三〕師古曰：「袤，長也，音茂。」
〔四〕師古曰：「鄭國興於秦時，故云前。」
〔五〕師古曰：「臿，鍪也，所以開渠者也。」
〔六〕如淳曰：「水渟淤泥，可以當糞。」

是時方事匈奴，興功利，言便宜者甚衆。齊人延年上書〔一〕言：「河出昆侖，經中國，注勃海，是其地勢西北高而東南下也。可案圖書，觀地形，令水工準高下，開大河上領，〔二〕出之胡中，東注之海。如此，關東長無水災，北邊不憂匈奴，可以省隄防備塞，士卒轉輸，胡寇侵盜，覆軍殺將，暴骨原野之患。天下常備匈奴而不憂百越者，以其水絕壤斷也。此功壹成，萬世大利。」書奏，上壯之，報曰：「延年計議甚深。然河乃大禹之所道也，〔三〕聖人作事，爲萬世功，通於神明，恐難改更。」

〔一〕師古曰：「史不得其姓。」
〔二〕晉灼曰：「上領，山頭也。」
〔三〕師古曰：「道讀曰導。」

自塞宣房後，河復北決於館陶，分爲屯氏河，〔一〕東北經魏郡、淸河、信都、勃海入海，廣深與大河等，故因其自然，不隄塞也。此開通後，館陶東北四五郡雖時小被水害，而兗州以南六郡無水憂。宣帝地節中，光祿大夫郭昌使行河。北曲三所水流之勢皆邪直貝丘縣。〔二〕恐水盛，隄防不能禁，乃各更穿渠，直東，經東郡界中，不令北曲。渠通利，百姓安之。元帝永光五年，河決清河靈鳴犢口，〔三〕而屯氏河絕。

〔一〕師古曰：「屯音大門反。而隋室分析州縣，誤以爲毛氏河，乃置毛州，失之甚矣。」

〔二〕師古曰：「直，當也。」

〔三〕師古曰：「清河之靈縣鳴犢河口也。」

成帝初，清河都尉馮逡〔一〕奏言：「郡承河下流，與兗州東郡分水爲界，城郭所居尤卑下，土壤輕脆易傷。頃所以闊無大害者，以屯氏河通，兩川分流也。〔二〕今屯氏河塞，靈鳴犢口又益不利，獨一川兼受數河之任，雖高增隄防，終不能泄。如有霖雨，旬日不霽，必盈溢。〔三〕靈鳴犢口在清河東界，所在處下，雖令通利，猶不能爲魏郡、清河減損水害。禹非不愛民力，以地形有勢，故穿九河，今既滅難明，屯氏河不流行七十餘年，新絕未久，其處易浚。〔四〕又其口所居高，於以分〔流〕殺水力，道里便宜，可復浚以助大河泄暴水，備非常。又地節時郭昌穿直渠，後三歲，河水更從故第二曲間北可六里，復南合。今其曲勢復邪直貝丘，百姓寒心，宜復穿渠東行。不豫修治，北決病四五郡，南決病十餘郡，然後憂之，晚矣。」

事下丞相、御史，白博士許商治尚書，善爲算，能度功用。〔五〕遣行視，〔六〕以爲屯氏河盈溢所爲，方用度不足，〔七〕可且勿浚。

〔一〕師古曰：「浚音七旬反。」

〔二〕師古曰：「闊，稀也。」

〔三〕師古曰：「雨止曰霽，音子計反，又音才詣反。」

〔四〕師古曰：「浚謂治道之令其深也。浚音峻。」

〔五〕師古曰：「白，白於天子也。度音大各反。」

〔六〕師古曰：「行音下更反。」

〔七〕師古曰：「言國家少財役。」

後三歲，河果決於館陶及東郡金隄，泛溢兗、豫，入平原、千乘、濟南，凡灌四郡三十二縣，水居地十五萬餘頃，深者三丈，壞敗官亭室廬且四萬所。御史大夫尹忠對方略疏闊，上切責之，忠自殺。遣大司農非調〔一〕調均錢穀河決所灌之郡，〔二〕謁者二人發河南以東漕船五百㮴，〔三〕徙民避水居丘陵，九萬七千餘口。河隄使者王延世使塞，〔四〕以竹落長四丈，大九圍，盛以小石，兩船夾載而下之。三十六日，河隄成。上曰：「東郡河決，流漂二州，校尉延世隄防三旬立塞。其以五年爲河平元年。卒治河者爲著外繇六月。〔五〕惟延世長於計策，功費約省，用力日寡，朕甚嘉之。其以延世爲光祿大夫，秩中二千石，賜爵關內侯，黃金百斤。」

〔一〕師古曰：「大司農名非調也。」

〔二〕師古曰：「令其調發均平錢穀遭水之郡，使存給也。調音徒釣反。」

〔三〕師古曰：「一船爲一㮴，音先勞反，其字從木。」

〔四〕師古曰：「命其爲使而塞河也。華陽國志云延世字長叔，犍爲資中人也。」

〔五〕如淳曰：「律說，戍邊一歲當罷，若有急，當留守六月。今以卒治河之故，復留六月。」孟康曰：「外繇，戍邊也。治水不復戍邊也。」師古曰：「如、孟二說皆非也。以卒治河有勞，雖執役日近，皆得比繇戍六月也。著謂著於簿籍也。著音竹助反。下云『非受平賈，爲著外繇』，其義亦同。」

後二歲，河復決平原，流入濟南、千乘，所壞敗者半建始時，復遣王延世治之。杜欽說大將軍王鳳，以爲「前河決，丞相史楊焉言延世受焉術以塞之，蔽不肯見。今獨任延世，延世見前塞之易，恐其慮害不深。又審如焉言，延世之巧，反不如焉。且水勢各異，不博議利害而任一人，如使不及今冬成，來春桃華水盛，必羨溢，有填淤反壤之害。〔一〕如此，數郡種不得下，〔二〕民人流散，盜賊將生，雖重誅延世，無益於事。宜遣焉及將作大匠許商、諫大夫乘馬延年雜作。〔三〕延世與焉必相破壞，深論便宜，以相難極。〔四〕商、延年皆明計算，能商功利，〔五〕足以分別是非，擇其善而從之，必有成功。」鳳如欽言，白遣焉等作治，六月乃成。復賜延世黃金百斤。治河卒非受平賈者，爲著外繇六月。〔六〕

〔一〕師古曰：「月令『仲春之月，始雨水，桃始華』。蓋桃方華時，既有雨水，川谷冰泮，衆流猥集，波瀾盛長，故謂之桃華水耳。而韓詩傳云『三月桃華水』。反壤者，水塞不通，故令其土壤反還也。羨音弋鐥反。淤音於庶反。」

〔二〕師古曰：「種，五穀之子也，音之勇反。」

〔三〕孟康曰：「乘馬，姓也。」師古曰：「乘音食證反。」

〔四〕師古曰：「壞，毁也，音怪。極，窮也，音居力反。」

〔五〕師古曰：「商，度也。」

〔六〕蘇林曰：「平賈，以錢取人作卒，顧其時庸之平賈也。」如淳曰：「律說，平賈一月，得錢二千。」師古曰：「賈音價。」

後九歲，鴻嘉四年，楊焉言「從河上下，患底柱隘，可鐫廣之。」〔一〕上從其言，使焉鐫之。鐫之裁沒水中，不能去，而令水益湍怒，爲害甚於故。

〔一〕師古曰：「鐫謂琢鑿之也，音子全反。」

是歲，勃海、清河、信都河水湓溢，灌縣邑三十一，〔一〕敗官亭民舍四萬餘所。河隄都尉許商與丞相史孫禁共行視，圖方略。〔二〕禁以爲「今河溢之害數倍於前決平原時。今可決平原金隄間，開通大河，令入故篤馬河。〔三〕至海五百餘里，水道浚利，又乾三郡水地，得美田且二十餘萬頃，足以償所開傷民田廬處，又省吏卒治隄救水，歲三萬人以上。」許商以爲「古說九河之名，有徒駭、胡蘇、鬲津，今見在成平、東光、鬲界中。〔四〕自鬲以北至徒駭間，相去二百餘里，今河雖數移徙，不離此域。孫禁所欲開者，在九河南篤馬河，失水之迹，處勢平夷，旱則淤絕，水則爲敗，不可許。」公卿皆從商言。先是，谷永以爲「河，中國之經瀆，〔五〕聖王興則出圖書，王道廢則竭絕。今潰溢橫流，漂沒陵阜，異之大者也。修政以應之，災變自除。」是時李尋、解光亦言「陰氣盛則水爲之長，故一日之間，晝減夜增，江河滿溢，所謂水不潤下，雖常於卑下之地，猶日月變見於朔望，明天道有因而作也。衆庶見王延世蒙重賞，競言便巧，不可用。議者常欲求索九河故迹而穿之，今因其自決，可且勿塞，以觀水勢。河欲居之，當稍自成川，跳出沙土，然後順天心而圖之，必有成功，而用財力寡。」於是遂止不塞。滿昌、師丹等數言百姓可哀，上數遣使者處業振贍之。〔六〕

〔一〕師古曰：「溢，踊也，音普頓反。」

〔二〕師古曰：「圖，謀也。行音下更反。」

〔三〕韋昭曰：「在平原縣。」

〔四〕師古曰：「此九河之三也。徒駭在成平，胡蘇在東光，鬲津在鬲。成平、東光屬勃海，鬲屬平原。徒駭者，言禹治此河，用功極衆，故人徒驚駭也。胡蘇，下流急疾之貌也。鬲津，言其陿小，可鬲以爲津而度也。鬲與隔同。」

〔五〕師古曰：「經，常也。」

〔六〕師古曰：「處業，謂安處之使得其居業。」

哀帝初，平當使領河隄，〔一〕奏言「九河今皆寘滅，按經義治水，有決河深川，〔二〕而無隄防雍塞之文。〔三〕河從魏郡以東，北多溢決，水迹難以分明。四海之衆不可誣，宜博求能浚川疏河者。」下丞相孔光、大司空何武，奏請部刺史、三輔、三河、弘農太守舉吏民能者，莫有應書。待詔賈讓奏言：

〔一〕師古曰：「爲使而領其事。」

〔二〕師古曰：「決，分泄也。深，浚治也。」

〔三〕師古曰：「雍讀曰壅。」

治河有上中下策。古者立國居民，疆理土地，必遺川澤之分，度水勢所不及。〔一〕大川無防，小水得入，陂障卑下，以爲汙澤，〔二〕使秋水多，得有所休息，左右游波，寬緩而不迫。夫土之有川，猶人之有口也。治土而防其川，猶止兒啼而塞其口，豈不遽止，然其死可立而待也。〔三〕故曰：「善爲川者，決之使道；〔四〕善爲民者，宣之使言。」蓋隄防之作，近起戰國，雍防百川，各以自利。〔五〕齊與趙、魏，以河爲竟。〔六〕趙、魏瀕山，齊地卑下，〔七〕作隄去河二十五里。河水東抵齊隄，則西泛趙、魏，趙、魏亦爲隄去河二十五里。雖非其正，水尙有所游盪。時至而去，則塡淤肥美，民耕田之。或久無害，稍築室宅，遂成聚落。大水時至漂沒，則更起隄防以自救，稍去其城郭，排水澤而居之，湛溺自其宜也。〔八〕今隄防陿者去水數百步，遠者數里。近黎陽南故大金隄，從河西西北行，至西山南頭，乃折東，與東山相屬。〔九〕民居金隄東，爲廬舍，（住）〔往〕十餘歲更起隄，從東山南頭直南與故大隄會。又內黃界中有澤，方數十里，環之有隄，〔一〇〕往十餘歲太守以賦民，〔一一〕民今起廬舍其中，此臣親所見者也。東郡白馬故大隄亦復數重，民皆居其間。從黎陽北盡魏界，故大隄去河遠者數十里，內亦數重，此皆前世所排也。河從河內北至黎陽爲石隄，激使東抵東郡平剛；〔一二〕又爲石隄，使西北抵黎陽、觀下；〔一三〕又爲石隄，使東北抵東郡津北；又爲石隄，使西北抵魏郡昭陽；又爲石隄，激使東北。百餘里間，河再西三東，迫阸如此，不得安息。

〔一〕師古曰：「遺，留也。度，計也。言川澤水所流聚之處，皆留而置之，不以爲居邑而妄墾殖，必計水所不及，然後居而田之也。分音扶問反。度音大各反。」

〔二〕師古曰：「停水曰汙，音一胡反。」

〔三〕師古曰：「遽，速也，音其庶反。」

〔四〕師古曰：「道讀曰導。導，通引也。」

〔五〕師古曰：「雍讀曰壅。」

〔六〕師古曰：「竟讀曰境。」

〔七〕師古曰：「瀕山，猶言以山爲邊界也。」師古曰：「瀕音頻，又音賓。」

〔八〕師古曰：「湛讀曰沈。」

〔九〕師古曰：「屬，連及也，音之欲反。」

〔一〇〕師古曰：「環，繞也。」

〔一一〕師古曰：「以隄中之地給與民。」

〔一二〕師古曰：「激者，聚石於隄旁衝要之處，所以激去其水也。激音工歷反。」

〔一三〕師古曰：「觀，縣名也，音工喚反。」

今行上策，徙冀州之民當水衝者，決黎陽遮害亭，放河使北入海。河西薄大山，東薄金隄，勢不能遠泛濫，朞月自定。難者將曰：「若如此，敗壞城郭田廬冢墓以萬數，百姓怨恨。」昔大禹治水，山陵當路者毀之，故鑿龍門，辟伊闕，〔一〕析底柱，破碣石，〔二〕墮斷天地之性。〔三〕此乃人功所造，何足言也！今瀕河十郡治隄歲費且萬萬，及其大決，所殘無數。如出數年治河之費，以業所徙之民，遵古聖之法，定山川之位，使神人各處其所，而不相奸。〔四〕且以大漢方制萬里，豈其與水爭咫尺之地哉？此功一立，河定民安，千載無患，故謂之上策。

〔一〕師古曰：「辟讀曰闢。闢，開也。」

〔二〕師古曰：「析，分也。」

〔三〕師古曰：「墮，毀也，音火規反。」

〔四〕師古曰：「奸音干。」

若乃多穿漕渠於冀州地，使民得以溉田，分殺水怒，雖非聖人法，然亦救敗術也。

難者將曰：「河水高於平地，歲增隄防，猶尚決溢，不可以開渠。」臣竊按視遮害亭西十八里，至淇水口，乃有金隄，高一丈。自是東，地稍下，隄稍高，至遮害亭，高四五丈。往六七歲，河水大盛，增丈七尺，壞黎陽南郭門，入至隄下。〔一〕水未踰隄二尺所，從隄上北望，河高出民屋，百姓皆走上山。水留十三日，隄潰〔二所〕，吏民塞之。臣循隄上，行視水勢，〔二〕南七十餘里，至淇口，水適至隄半，計出地上五尺所。今可從淇口以東爲石隄，多張水門。初元中，遮害亭下河去隄足數十步，至今四十餘歲，適至隄足。由是言之，其地堅矣。恐議者疑河大川難禁制，滎陽漕渠足以(下)〔卜〕之，〔三〕其水門但用木與土耳，今據堅地作石隄，勢必完安。冀州渠首盡當卬此水門。治渠非穿地也，〔四〕但爲東方一隄，北行三百餘里，入漳水中，其西因山足高地，諸渠皆往往股引取之；〔五〕旱則開東方下水門溉冀州，水則開西方高門分河流。通渠有三利，不通有三害。民常罷於救水，半失作業；〔六〕水行地上，湊潤上徹，民則病溼氣，木皆立枯，鹵不生穀；〔七〕決溢有敗，爲魚鼈食：此三害也。若有渠溉，則鹽鹵下溼，塡淤加肥；〔八〕故種禾麥，更爲秔稻，高田五倍，下田十倍；〔九〕轉漕舟船之便：此三利也。今瀕河隄吏卒郡數千人，伐買薪石之費歲數千萬，足以通渠成水門；又民利其溉灌，相率治渠，雖勞不罷。〔一〇〕民田適治，河隄亦成，此誠富國安民，興利除害，支數百歲，故謂之中策。

〔一〕如淳曰：「然則隄在郭內也。」臣瓚曰：「謂水從郭南門入，北門出，而至隄也。」師古曰：「瓚說是也。」

〔二〕師古曰：「行音下更反。」

〔三〕如淳曰：「今礫谿口是也。言作水門通水流，不爲害也。」師古曰：「礫谿，谿名，即水經所云（涑）〔泲〕水東通礫谿者。」

〔四〕師古曰：「卬音牛向反。」

〔五〕如淳曰：「股，支別也。」

〔六〕師古曰：「此一害也。罷讀曰疲。」

〔七〕師古曰：「此二害。」

〔八〕師古曰：「此一利。」

〔九〕師古曰：「此二利也。秔謂稻之不粘者也，音庚。」

〔一〇〕師古曰：「罷讀曰疲。」

若乃繕完故隄，增卑倍薄，勞費無已，數逢其害，此最下策也。

王莽時，徵能治河者以百數，其大略異者，長水校尉平陵關並〔一〕言：「河決率常於平原、東郡左右，其地形下而土疏惡。聞禹治河時，本空此地，以爲水猥，盛則放溢，〔二〕少稍自索，〔三〕雖時易處，猶不能離此。上古難識，近察秦漢以來，河決曹、衞之域，其南北不過百八十里者，可空此地，勿以爲官亭民室而已。」大司馬史長安張戎〔四〕言：「水性就下，行疾則自刮除成空而稍深。河水重濁，號爲一石水而六斗泥。今西方諸郡，以至京師東行，民皆引河、渭山川水漑田。春夏乾燥，少水時也，故使河流遲，貯淤而稍淺；雨多水暴至，則溢決。而國家數隄塞之，稍益高於平地，猶築垣而居水也。可各順從其性，毋復灌漑，則百川流行，水道自利，無溢決之害矣。」御史臨淮韓牧〔五〕以爲「可略於禹貢九河處穿之，縱不能爲九，但爲四五，宜有益。」大司空掾王横〔六〕言：「河入勃海，勃海地高於韓牧所欲穿處。往者天嘗連雨，東北風，海水溢，西南出，浸數百里，九河之地已爲海所漸矣。〔七〕禹之行河水，本隨西山下東北去。〔八〕周譜云定王五年河徙，〔九〕則今所行非禹之所穿也。又秦攻魏，決河灌其都，決處遂大，不可復補。宜卻徙完平處，更開空，〔一〇〕使緣西山足乘高地而東北入海，乃無水災。」沛郡桓譚爲司空掾，典其議，爲甄豐言：「凡此數者，必有一是。宜詳考驗，皆可豫見，計定然後舉事，費不過數億萬，亦可以事諸浮食無產業民。〔一一〕空居與行役，同當衣食；衣食縣官，而爲之作，乃兩便，〔一二〕可以上繼禹功，下除民疾。」王莽時，但崇空語，無施行者。

〔一〕師古曰：「桓譚新論云並字子陽，材智通達也。」

〔二〕師古曰：「猥，多也。」

〔三〕師古曰：「索，盡也，音先各反。」

〔四〕師古曰：「(雜)〔新〕論云字仲功，習溉灌事也。」

〔五〕師古曰：「新論云字子台，善水事。」

〔六〕師古曰：「横字平中，琅邪人。見儒林傳。中讀曰仲。」

〔七〕師古曰：「漸，浸也，讀如本字，又音子廉反。」

〔八〕師古曰：「行謂通流也。」

〔九〕如淳曰：「譜音補，世統譜諜也。」

〔一〇〕師古曰：「空猶穿。」

〔一一〕師古曰：「事謂役使也。」

〔一二〕師古曰：「言無產業之人，端居無爲，及發行力役，俱須衣食耳。今縣官給其衣食，而使修治河水，是爲公私兩便也。」

贊曰：古人有言：「微禹之功，吾其魚乎！」〔一〕中國川原以百數，莫著於四瀆，而河爲宗。孔子曰：「多聞而志之，知之次也。」〔二〕國之利害，故備論其事。

〔一〕師古曰：「左氏傳載周大夫劉定公之辭也。言無禹治水之功，則天下之人皆爲魚鼈耳。」

〔二〕師古曰：「論語稱孔子之言曰『多聞擇其善者而從之，多見而志之，知之次也』。志，記也，字亦作識，音式冀反。」

校勘記

一六七七頁一一行 令吾臣皆〔如〕西門豹之爲人臣也！ 景祐、殿、局本都有「如」字。

一六七八頁六行 渠成而用(溉)注填閼之水， 王念孫說此「溉」字涉下「溉」字而衍。

一六七九頁四行 彊塞之未必(順)〔應〕天。 景祐、汲古、殿、局本都作「應」。

一六七九頁一〇行 (罷)而渠下民田萬餘頃又可得以溉。此(捐)〔損〕漕省卒， 「罷」字史記無，蘇輿疑衍。「捐」字景祐、殿本都作「損」，史記同。

一六七九頁一六行 注〔四〕十一字據景祐、殿本補。

一六八一頁一六行 亦猶山(額)〔領〕象人之頸領。 景祐、殿本都作「領」。王先謙說作「領」是。

一六八三頁七行 言不因巡(將)〔狩〕封禪而出， 景祐、殿、局本都作「狩」，此誤。

一六八四頁一行 茭，草也，音(茭)〔郊〕。 景祐、殿本都作「郊」，此誤。

一六八四頁五行 故言此衞(之人)〔人之〕罪也。 景祐、殿本都作「人之」，是。

一六八四頁八行 義與(㓤)〔插〕同。 景祐本作「插」。

一六八七頁一三行 於以分〔流〕殺水力， 景祐、殿本都有「流」字。

一六九二頁一五行 (住)〔往〕十餘歲更起隄， 王念孫說「住」當作「往」。

一六九五頁四行 水留十三日，隄潰(二所)， 景祐、殿本無「二所」二字。朱一新說二字涉上文而衍。

一六九五頁七行　滎陽漕渠足以(下)〔卜〕之，　景祐、汲古、殿、局本都作「卜」。

一六九六頁三行　(涑)〔泲〕水東過礫谿者。　殿本「涑」作「泲」。王先謙説作「泲」是。

一六九八頁一行　(雜)〔新〕論云　景祐、殿本都作「新」。

漢書卷三十

藝文志第十

昔仲尼沒而微言絕，〔一〕七十子喪而大義乖。〔二〕故春秋分爲五，〔三〕詩分爲四，〔四〕易有數家之傳。戰國從衡，眞僞分爭，〔五〕諸子之言紛然殽亂。〔六〕至秦患之，乃燔滅文章，以愚黔首。〔七〕漢興，改秦之敗，大收篇籍，廣開獻書之路。迄孝武世，書缺簡脫，禮壞樂崩，〔八〕聖上喟然而稱曰：〔九〕「朕甚閔焉！」於是建藏書之策，〔一〇〕置寫書之官，下及諸子傳說，皆充祕府。至成帝時，以書頗散亡，使謁者陳農求遺書於天下。詔光祿大夫劉向校經傳諸子詩賦，步兵校尉任宏校兵書，太史令尹咸校數術，〔一一〕侍醫李柱國校方技。〔一二〕每一書已，〔一三〕向輒條其篇目，撮其指意，錄而奏之。〔一四〕會向卒，哀帝復使向子侍中奉車都尉歆卒父業。〔一五〕歆於是總羣書而奏其七略，故有輯略，〔一六〕有六藝略，〔一七〕有諸子略，有詩賦略，有兵書略，有術數略，有方技略。今删其要，以備篇籍。〔一八〕

〔一〕李奇曰：「隱微不顯之言也。」師古曰：「精微要妙之言耳。」

〔二〕師古曰：「七十子，謂弟子達者七十二人。舉其成數，故言七十。」

〔三〕韋昭曰：「謂左氏、公羊、穀梁、鄒氏、夾氏也。」

〔四〕韋昭曰：「謂毛氏、齊、魯、韓。」

〔五〕師古曰：「從音子容反。」

〔六〕師古曰：「殽，雜也。」

〔七〕師古曰：「燔，燒也。秦謂人爲黔首，言其頭黑也。燔音扶元反。黔音其炎反，又音琴。」

〔八〕師古曰：「編絕散落故簡脫。脫音吐活反。」

〔九〕師古曰：「喟，歎息之貌也，音丘位反。」

〔一〇〕如淳曰：「劉歆七略曰『外則有太常、太史、博士之藏，內則有延閣、廣內、祕室之府』。」

〔一一〕師古曰：「占卜之書。」

〔一二〕師古曰：「醫藥之書。」

〔一三〕師古曰：「已，畢也。」

〔一四〕師古曰：「撮，總取也，音千括反。」

〔一五〕師古曰：「卒，終也。」

〔一六〕師古曰：「輯與集同，謂諸書之總要。」

〔一七〕師古曰：「六藝，六經也。」

〔一八〕師古曰：「刪去浮宂，取其指要也。其每略所條家及篇數，有與總凡不同者，轉（爲）〔寫〕脫誤，年代久遠，無以詳知。」

易經十二篇，施、孟、梁丘三家。〔一〕

易傳周氏二篇。字王孫也。

服氏二篇。〔二〕

楊氏二篇。名何，字叔元，菑川人。

蔡公二篇。衞人，事周王孫。

韓氏二篇。名嬰。

王氏二篇。名同。

丁氏八篇。名寬，字子襄，梁人也。

古五子十八篇。自甲子至壬子，說易陰陽。

淮南道訓二篇。淮南王安聘明易者九人，號九師(法)〔說〕。

古雜八十篇，雜災異三十五篇，神輸五篇，圖一。〔三〕

孟氏京房十一篇，災異孟氏京房六十六篇，五鹿充宗略說三篇，京氏段嘉十二篇。〔四〕

章句施、孟、梁丘氏各二篇。

凡易十三家，二百九十四篇。

〔一〕師古曰：「上下經及十翼，故十二篇。」

〔二〕師古曰：「劉向別錄云，服氏，齊人，號服光。」

〔三〕師古曰：「劉向別錄云『神輸者，王道失則災害生，得則四海輸之祥瑞』。」

〔四〕蘇林曰：「東海人，爲博士。」晉灼曰：「儒林不見。」師古曰：「蘇說是也。嘉卽京房所從受易者也，見儒林傳及劉向別錄。」

易曰：「宓戲氏仰觀象於天，俯觀法於地，觀鳥獸之文，與地之宜，近取諸身，遠取諸物，於是始作八卦，以通神明之德，以類萬物之情。」〔一〕至於殷、周之際，紂在上位，逆天暴物，文王以諸侯順命而行道，天人之占可得而效，於是重易六爻，作上下篇。孔氏爲之彖、象、繫辭、文言、序卦之屬十篇。故曰易道深矣，人更三聖，〔二〕世歷三古。〔三〕及秦燔書，而易爲筮卜之事，傳者不絕。漢興，田(和)〔何〕傳之。訖于宣、元，有施、孟、梁丘、京氏列於學官，而民間有費、高二家之說。〔四〕劉向以中古文易經校施、孟、梁丘經，〔五〕或脫去「無咎」、「悔亡」，唯費氏經與古文同。

〔一〕師古曰：「下繫之辭也。鳥獸之文，謂其跡在地者。宓讀與伏同。」

〔二〕韋昭曰：「伏羲、文王、孔子。」師古曰：「更，經也，音工衡反。」

〔三〕孟康曰：「易繫辭曰『易之興，其於中古乎？』然則伏羲爲上古，文王爲中古，孔子爲下古。」

〔四〕師古曰：「費音扶味反。」

〔五〕師古曰：「中者，天子之書也。言中，以別於外耳。」

尚書古文經四十六卷。爲五十七篇。〔一〕

經二十九卷。大、小夏侯二家。歐陽經〔三〕〔三〕十二卷。〔三〕

傳四十一篇。

歐陽章句三十一卷。

大、小夏侯章句各二十九卷。

大、小夏侯解故二十九篇。

歐陽說義二篇。

劉向五行傳記十一卷。

許商五行傳記一篇。

周書七十一篇。周史記。〔三〕

議奏四十二篇。宣帝時石渠論。〔四〕

凡書九家，四百一十二篇。入劉向稽疑一篇。〔五〕

〔一〕師古曰：「孔安國書序云『凡五十九篇，爲四十六卷。承詔作傳，引序各冠其篇首，定五十八篇。』鄭玄敍贊云『後又亡其一篇』，故五十七。」

〔二〕師古曰：「此二十九卷，伏生傳授者。」

〔三〕師古曰：「劉向云『周時誥誓號令也，蓋孔子所論百篇之餘也。』今之存者四十五篇矣。」

〔四〕韋昭曰：「闕名也，於此論書。」

〔五〕師古曰：「此凡言入者，謂七略之外班氏新入之也。其云出者與此同。」

易曰：「河出圖，雒出書，聖人則之。」〔一〕故書之所起遠矣，至孔子纂焉，〔二〕上斷於堯，下訖于秦，凡百篇，而爲之序，言其作意。秦燔書禁學，濟南伏生獨壁藏之。漢興亡失，求得二十九篇，以教齊魯之間。訖孝宣世，有歐陽、大小夏侯氏，立於學官。古文尚書者，出孔子壁中。〔三〕武帝末，魯共王壞孔子宅，欲以廣其宮，而得古文尚書及禮記、論語、孝經凡數十篇，皆古字也。共王往入其宅，聞鼓琴瑟鍾磬之音，於是懼，乃止不壞。孔安國者，孔子後也，悉得其書，以考二十九篇，得多十六篇。〔四〕安國獻之。遭巫蠱事，未列于學官。劉向以中古文校歐陽、大小夏侯三家經文，酒誥脫簡一，召誥脫簡二。〔五〕率簡二十五字者，脫亦二十五字，簡二十二字者，脫亦二十二字，文字異者七百有餘，脫字數十。書者，古之號令，號令於衆，其言不立具，則聽受施行者弗曉。古文讀應爾雅，故解古今語而可知也。

〔一〕師古曰：「上繫之辭也。」

〔二〕孟康曰：「篹音撰。」

〔三〕師古曰：「家語云孔騰字子襄，畏秦法峻急，藏尚書、孝經、論語於夫子舊堂壁中，而漢記尹敏傳云孔鮒所藏。二說不同，未知孰是。」

〔四〕師古曰：「壁中書多，以考見行世二十九篇之外，更得十六篇。」

〔五〕師古曰：「召讀曰邵。」

詩經二十八卷，魯、齊、韓三家。〔一〕

魯故二十五卷。〔二〕

魯說二十八卷。

齊后氏故二十卷。

齊孫氏故二十七卷。

齊后氏傳三十九卷。

齊孫氏傳二十八卷。

齊雜記十八卷。

韓故三十六卷。

韓內傳四卷。

韓外傳六卷。

韓說四十一卷。

毛詩二十九卷。

毛詩故訓傳三十卷。

凡詩六家，四百一十六卷。

〔一〕應劭曰：「申公作魯詩，后蒼作齊詩，韓嬰作韓詩。」

〔二〕師古曰：「故者，通其指義也。它皆類此。今流俗毛詩改故訓傳爲詁字，失眞耳。」

書曰：「詩言志，(哥)〔歌〕詠言。」〔一〕故哀樂之心感，而(哥)〔歌〕詠之聲發。誦其言謂之詩，詠其聲謂之(哥)〔歌〕。故古有采詩之官，王者所以觀風俗，知得失，自考正也。孔子純取周詩，上采殷，下取魯，凡三百五篇，遭秦而全者，以其諷誦，不獨在竹帛故也。漢興，魯申公爲詩訓故，而齊轅固、燕韓生皆爲之傳。或取春秋，采雜說，咸非其本義。與不得已，魯最爲近之。〔二〕三家皆列於學官。又有毛公之學，自謂子夏所傳，而河間獻王好之，未得立。

〔一〕師古曰：「虞書舜典之辭也。在心爲志，發言爲詩。詠者，永也。永，長也，(哥)〔歌〕所以長言之。」

〔三〕師古曰：「與不得已者，言皆不得也。三家（者）〔皆〕不得其眞，而魯最近之。」

禮古經五十六卷，經（七十）〔十七〕篇。后氏、戴氏。

記百三十一篇。七十子後學者所記也。

明堂陰陽三十三篇。古明堂之遺事。

王史氏二十一篇。七十子後學者。〔一〕

曲臺后倉九篇。〔二〕

中庸說二篇。〔三〕

明堂陰陽說五篇。

周官經六篇。王莽時劉歆置博士。〔四〕

周官傳四篇。

軍禮司馬法百五十五篇。

古封禪羣祀二十二篇。

封禪議對十九篇。武帝時也。

漢封禪羣祀三十六篇。

議奏三十八篇。石渠。

凡禮十三家，五百五十五篇。入司馬法一家，百五十五篇。

〔一〕師古曰：「劉向別錄云六國時人也。」

〔二〕如淳曰：「行禮射於曲臺，后倉爲記，故名曰曲臺記。漢官曰大射于曲臺。」晉灼曰：「天子射宮也。西京無太學，於此行禮也。」

〔三〕師古曰：「今禮記有中庸一篇，亦非本禮經，蓋此之流。」

〔四〕師古曰：「即今之周官禮也，亡其冬官，以考工記充之。」

易曰：「有夫婦父子君臣上下，禮義有所錯。」〔一〕而帝王質文世有損益，至周曲爲之防，事爲之制，〔二〕故曰：「禮經三百，威儀三千。」〔三〕及周之衰，諸侯將踰法度，惡其害己，皆滅去其籍，自孔子時而不具，至秦大壞。漢興，魯高堂生傳士禮十七篇。訖孝宣世，后倉最明。戴德、戴聖、慶普皆其弟子，三家立於學官。禮古經者，出於魯淹中〔四〕及孔氏，（學七十）〔與十七〕篇文相似，多三十九篇。及明堂陰陽、王史氏記所見，多天子諸侯卿大夫之制，雖不能備，猶瘉倉等推士禮而致於天子之說。〔五〕

〔一〕師古曰：「序卦之辭也。錯，置也，音千故反。」

〔二〕師古曰：「委曲防閑，每事爲制也。」

〔三〕韋昭曰：「周禮三百六十官也。三百，舉成數也。」臣瓚曰：「禮經三百，謂冠、婚、吉、凶。周禮三百，是官名也。」師古曰：「禮經三百，韋說是也。威儀三千乃謂冠、婚、吉、凶，蓋儀禮是也。」

〔四〕蘇林曰：「里名也。」

〔五〕師古曰：「瘉與愈同。愈，勝也。」

樂記二十三篇。

王禹記二十四篇。

雅歌詩四篇。

雅琴趙氏七篇。名定，勃海人，宣帝時丞相魏相所奏。

雅琴師氏八篇。名中，東海人，傳言師曠後。

雅琴龍氏九十九篇。名德，梁人。〔一〕

凡樂六家，百六十五篇。出淮南劉向等琴頌七篇。

〔一〕師古曰：「劉向別錄云亦魏相所奏也。與趙定俱召見待詔，後拜爲侍郎。」

易曰：「先王作樂崇德，殷薦之上帝，以享祖考。」〔一〕故自黃帝下至三代，樂各有名。孔子曰：「安上治民，莫善於禮；移風易俗，莫善於樂。」〔二〕二者相與並行。周衰俱壞，樂尤微眇，以音律爲節，〔三〕又爲鄭衞所亂，故無遺法。漢興，制氏以雅樂聲律，世在樂官，頗能紀其鏗鏘鼓舞，而不能言其義。〔四〕六國之君，魏文侯最爲好古，孝文時得其樂人竇公，〔五〕獻其書，乃周官大宗伯之大司樂章也。武帝時，河間獻王好儒，與毛生等共采周官及諸子言樂事者，以作樂記，獻八佾之舞，與制氏不相遠。其內史丞王定傳之，以授常山王禹。禹，成帝時爲謁者，數言其義，〔六〕獻二十四卷記。劉向校書，得樂記二十三篇，與禹不同，其道寖以益微。〔七〕

〔一〕師古曰：「豫卦象辭也。殷，盛也。」

〔二〕師古曰：「孝經載孔子之言。」

〔三〕師古曰：「眇，細也。言其道精微，節在音律，不可具於書。眇亦讀曰妙。」

〔四〕師古曰：「鏗音初衡反。」

〔五〕師古曰：「桓譚新論云竇公年百八十歲，兩目皆盲，文帝奇之，問曰：『何因至此？』對曰：『臣年十三失明，父母哀其不及衆技，教鼓琴，臣導引，無所服餌。』」

〔六〕師古曰：「數音所角反。」

〔七〕師古曰：「寖，漸也。」

春秋古經十二篇，經十一卷。公羊、穀梁二家。

左氏傳三十卷。左丘明，魯太史。

公羊傳十一卷。公羊子，齊人。〔一〕

穀梁傳十一卷。穀梁子，魯人。〔二〕

鄒氏傳十一卷。

夾氏傳十一卷。有錄無書。〔三〕

左氏微二篇。〔四〕

鐸氏微三篇。楚太傅鐸椒也。

張氏微十篇。

虞氏微傳二篇。趙相虞卿。

公羊外傳五十篇。

穀梁外傳二十篇。

公羊章句三十八篇。

穀梁章句三十三篇。

公羊雜記八十三篇。

公羊顏氏記十一篇。

公羊董仲舒治獄十六篇。

議奏三十九篇。石渠論。

國語二十一篇。左丘明著。

新國語五十四篇。劉向分國語。

世本十五篇。古史官記黃帝以來訖春秋時諸侯大夫。

戰國策三十三篇。記春秋後。

奏事二十篇。秦時大臣奏事，及刻石名山文也。

楚漢春秋九篇。陸賈所記。

太史公百三十篇。十篇有錄無書。

馮商所續太史公七篇。〔五〕

太古以來年紀二篇。

漢著記百九十卷。〔六〕

漢大年紀五篇。

凡春秋二十三家，九百四十八篇。省太史公四篇。

〔一〕師古曰：「名高。」

〔二〕師古曰：「名喜。」

〔三〕師古曰：「夾音頰。」

〔四〕師古曰：「微謂釋其微指。」

〔五〕韋昭曰：「馮商受詔續太史公十餘篇，在班彪別錄。商字子高。」師古曰：「七略云商陽陵人，治易，事五鹿充宗，後事劉向，能屬文，後與孟柳俱待詔，頗序列傳，未卒，病死。」

〔六〕師古曰：「若今之起居注。」

古之王者世有史官，君舉必書，所以慎言行，昭法式也。左史記言，右史記事，事為春秋，言為尚書，帝王靡不同之。周室既微，載籍殘缺，仲尼思存前聖之業，乃稱曰：「夏禮吾能言之，杞不足徵也；殷禮吾能言之，宋不足徵也。文獻不足故也，足則吾能徵之矣。」〔一〕以魯周公之國，禮文備物，史官有法，故與左丘明觀其史記，據行事，仍人道，〔二〕因興以立功，就敗以成罰，假日月以定曆數，藉朝聘以正禮樂。有所褒諱貶損，不可書見，口授弟子，弟子退而異言。〔三〕丘明恐弟子各安其意，以失其真，故論本事而作傳，明夫子不以空言說經也。春秋所貶損大人當世君臣，有威權勢力，其事實皆形於傳，是以隱其書而不宣，所以免時難也。及末世口說流行，故有公羊、穀梁、鄒、夾之傳。四家之中，公羊、穀梁立於學官，鄒氏無師，夾氏未有書。

〔一〕師古曰：「論語載孔子之言也。徵，成也。獻，賢也。孔子自謂能言夏、殷之禮，而杞、宋之君文章賢材不足以成之，故我不得成此禮也。」

〔二〕師古曰：「仍亦因也。」

〔三〕師古曰：「謂人執所見，各不同也。」

論語古二十一篇。出孔子壁中，兩子張。〔一〕

齊二十二篇。多問王、知道。〔二〕

魯二十篇，傳十九篇。〔三〕

齊說二十九篇。

魯夏侯說二十一篇。

魯安昌侯說二十一篇。〔四〕

魯王駿說二十篇。〔五〕

燕傳說三卷。

議奏十八篇。石渠論。

孔子家語二十七卷。〔六〕

孔子三朝七篇。〔七〕

孔子徒人圖法二卷。

凡論語十二家，二百二十九篇。

〔一〕如淳曰：「分堯曰篇後子張問『何如可以從政』已下爲篇，名曰從政。」

〔二〕如淳曰：「問王、知道，皆篇名也。」

〔三〕師古曰：「解釋論語意者。」

〔四〕師古曰：「張禹也。」

〔五〕師古曰：「王吉子。」

〔六〕師古曰：「非今所有家語。」

〔七〕師古曰：「今大戴禮有其一篇，蓋孔子對〔魯〕哀公語也。三朝見公，故曰三朝。」

論語者，孔子應答弟子時人及弟子相與言而接聞於夫子之語也。當時弟子各有所記。夫子既卒，門人相與輯而論篹，故謂之論語。〔一〕漢興，有齊、魯之說。傳齊論者，昌邑中尉王吉、少府宋畸、〔二〕御史大夫貢禹、尚書令五鹿充宗、膠東庸生，唯王陽名家。〔三〕傳魯論語者，常山都尉龔奮、長信少府夏侯勝、丞相韋賢、魯扶卿、前將軍蕭望之、安昌侯張禹，皆名家。張氏最後而行於世。

〔一〕師古曰：「輯與集同。篹與撰同。」

〔二〕師古曰：「畸音居宜反。」

〔三〕師古曰：「王吉字子陽，故謂之王陽。」

孝經古孔氏一篇。二十二章。〔一〕

孝經一篇。十八章。長孫氏、江氏、后氏、翼氏四家。

長孫氏說二篇。

江氏說一篇。

翼氏說一篇。

后氏說一篇。

雜傳四篇。

安昌侯說一篇。

五經雜議十八篇。石渠論。

爾雅三卷二十篇。〔二〕

小爾雅一篇，古今字一卷。

弟子職一篇。〔三〕

說三篇。

凡孝經十一家，五十九篇。

〔一〕師古曰：「劉向云古文字也。庶人章分爲二也，曾子敢問章爲三，又多一章，凡二十二章。」

〔二〕張晏曰：「爾，近也。雅，正也。」

〔三〕應劭曰：「管仲所作，在管子書。」

孝經者，孔子爲曾子陳孝道也。夫孝，天之經，地之義，民之行也。舉大者言，故曰孝經。漢興，長孫氏、博士江翁、少府后倉、諫大夫翼奉、安昌侯張禹傳之，各自名家。經文皆同，唯孔氏壁中古文爲異。「父母生之，續莫大焉」，「故親生之膝下」，諸家說不安處，古文字讀皆異。〔一〕

〔一〕臣瓚曰：「孝經云『續莫大焉』，而諸家之說各不安處之也。」師古曰：「桓譚新論云古孝經千八百七十〔一〕〔二〕字，今異者四百餘字。」

史籀十五篇。周宣王太史作大篆十五篇，建武時亡六篇矣。〔一〕

八體六技。〔二〕

蒼頡一篇。上七章，秦丞相李斯作；爰歷六章，車府令趙高作；博學七章，太史令胡母敬作。

凡將一篇。司馬相如作。

急就一篇。(成)〔元〕帝時黄門令史游作。

元尚一篇。成帝時將作大匠李長作。

訓纂一篇。揚雄作。

別字十三篇。

蒼頡傳一篇。

揚雄蒼頡訓纂一篇。

杜林蒼頡訓纂一篇。

杜林蒼頡故一篇。

凡小學十家，四十五篇。入揚雄、杜林二家二篇。

〔一〕師古曰：「籀音胄。」

〔二〕韋昭曰：「八體，一曰大篆，二曰小篆，三曰刻符，四曰蟲書，五曰摹印，六曰署書，七曰殳書，八曰隸書。」

易曰：「上古結繩以治，後世聖人易之以書契，百官以治，萬民以察，蓋取諸夬。」〔一〕「夬，揚於王庭」，〔二〕言其宣揚於王者朝廷，其用最大也。古者八歲入小學，故周官保氏掌養國子，教之六書，〔三〕謂象形、象事、象意、象聲、轉注、假借，造字之本也。〔四〕漢興，蕭何草律，〔五〕亦著其法，曰：「太史試學童，能諷書九千字以上，乃得爲史。又以六體試之，課最者以爲尚書御史史書令史。〔六〕吏民上書，字或不正，輒舉劾。」六體者，古文、奇字、篆書、隸書、繆篆、蟲書，〔七〕皆所以通知古今文字，摹印章，書幡信也。古制，書必同文，不知則闕，問諸故老，至於衰世，是非無正，人用其私。〔八〕故孔子曰：「吾猶及史之闕文也，今亡矣夫！」〔九〕蓋傷其寖不正。〔一〇〕史籀篇者，周時史官教學童書也，與孔氏壁中古文異體。蒼頡七章者，秦丞相李斯所作也；爰歷六章者，車府令趙高所作也；博學七章者，太史令胡母敬所作也：文字多取史籀篇，而篆體復頗異，所謂秦篆者也。是時始造隸書矣，起於官獄多事，苟趨省易，〔一一〕施之於徒隸也。漢（書）〔興〕，閭里書師合蒼頡、爰歷、博學三篇，斷六十字以爲一章，凡五十五章，并爲蒼頡篇。〔一二〕武帝時司馬相如作凡將篇，無復字。〔一三〕元帝時黃門令史游作急就篇，成帝時將作大匠李長作元尚篇，皆蒼頡中正字也。凡將則頗有出矣。至元始中，徵天下通小學者以百數，各令記字於庭中。揚雄取其有用者以作訓纂篇，順續蒼頡，又易蒼頡中重復之字，凡八十九章。臣復續揚雄作十（二）〔三〕章，〔一四〕凡一百二章，無復字，六藝羣書所載略備矣。蒼頡多古字，俗師失其讀，宣帝時徵齊人能正讀者，張敞從受之，傳至外孫之子杜林，爲作訓故，并列焉。

〔一〕師古曰：「下繫之辭。」

〔二〕師古曰：「夬卦之辭。」

〔三〕師古曰：「保氏，地官之屬也。保，安也。」

〔四〕師古曰：「象形，謂畫成其物，隨體詰屈，日、月是也。象事，即指事也，謂視而可識，察而見意，上、下是也。象意，即會意也，謂比類合誼，以見指撝，武、信是也。象聲，即形聲，謂以事爲名，取譬相成，江、河是也。轉注，謂建類一首，同意相受，考、老是也。假借，謂本無其字，依聲託事，令、長是也。文字之義，總歸六書，故曰立字之本也。

〔五〕師古曰：「草，創造之。」

〔六〕韋昭曰：「若今尚書蘭臺令史也。」臣瓚曰：「史書，今之太史書。」

〔七〕師古曰：「古文謂孔子壁中書。奇字即古文而異者也。篆書謂小篆，蓋秦始皇使程邈所作也。隸書亦程邈所獻，主於徒隸，從簡易也。繆篆謂其文屈曲纏繞，所以摹印章也。蟲書謂爲蟲鳥之形，所以書幡信也。」

〔八〕師古曰：「各任私意而爲字。」

〔九〕師古曰：「論語載孔子之（書）〔言〕，謂文字有疑，則當闕而不說。孔子自言，我初涉學，尚見闕文，今則皆無，任意改（治）〔作〕也。」

〔一〇〕師古曰：「寖，漸也。」

〔一一〕師古曰：「趨讀曰趣，謂趣向之也。易音弋豉反。」

〔一二〕師古曰：「幷，合也，總合以爲蒼頡篇也。」

〔一三〕師古曰：「復，重也，音扶目反。後皆類此。」

〔四〕韋昭曰：「臣，班固自謂也。作十三章，後人不別，疑在蒼頡下篇三十四章中。」

凡六藝一百三家，三千一百二十三篇。入三家，一百五十九篇；出重十一篇。

六藝之文：樂以和神，仁之表也；詩以正言，義之用也；禮以明體，明者著見，故無訓也；書以廣聽，知之術也；春秋以斷事，信之符也。五者，蓋五常之道，相須而備，而易爲之原。故曰「易不可見，則乾坤或幾乎息矣」，〔一〕言與天地爲終始也。至於五學，世有變改，猶五行之更用事焉。〔二〕古之學者耕且養，三年而通一藝，存其大體，玩經文而已，是故用日少而畜德多，〔三〕三十而五經立也。後世經傳既已乖離，博學者又不思多聞闕疑之義，〔四〕而務碎義逃難，便辭巧說，破壞形體；〔五〕說五字之文，至於二三萬言。〔六〕後進彌以馳逐，故幼童而守一藝，白首而後能言；安其所習，毀所不見，〔七〕終以自蔽。此學者之大患也。序六藝爲九種。

〔一〕蘇林曰：「不能見易意，則乾坤近於滅息也。」師古曰：「此上繫之辭也。幾，近也，音鉅依反。」

〔二〕師古曰：「更，互也，音工衡反。」

〔三〕師古曰：「畜讀曰蓄。蓄，聚也。易大畜卦象辭曰：『君子以多識前言往行，以畜其德。』」

〔四〕師古曰：「論語稱孔子曰『多聞闕疑，慎言其餘，則寡尤』。言爲學之道，務在多聞，疑則闕之，慎於言語，則少過也，故志引之。」

〔五〕師古曰：「苟爲僻碎之義，以避它人之攻難者，故爲便辭巧說，以析破文字之形體也。」

〔六〕師古曰：「言其煩妄也。桓譚新論云秦近君能說堯典，篇目兩字之說至十餘萬言，但說『曰若稽古』三萬言。」

〔七〕師古曰：「已所常習則保安之，未嘗所見者則妄毀誹。」

晏子八篇。名嬰，謚平仲，相齊景公，孔子稱善與人交，有列傳。〔一〕

子思二十三篇。名伋，孔子孫，爲魯繆公師。

曾子十八篇。名參，孔子弟子。

漆雕子十三篇。孔子弟子漆雕啓後。

宓子十六篇。名不齊，字子賤，孔子弟子。〔二〕

景子三篇。說宓子語，似其弟子。

世子二十一篇。名碩，陳人也，七十子之弟子。

魏文侯六篇。

李克七篇。子夏弟子，爲魏文侯相。

公孫尼子二十八篇。七十子之弟子。

孟子十一篇。名軻，鄒人，子思弟子，有列傳。〔三〕

孫卿子三十三篇。名況，趙人，爲齊稷下祭酒，有列傳。〔四〕

芈子十八篇。名嬰，齊人，七十子之後。〔五〕

內業十五篇。不知作者。

周史六弢六篇。惠、襄之間，或曰顯王時，或曰孔子問焉。〔六〕

周政六篇。周時法度政教。

周法九篇。法天地，立百官。

河間周制十八篇。似河間獻王所述也。

讕言十(一)篇。不知作者，陳人君法度。〔七〕

功議四篇。不知作者，論功德事。

甯越一篇。中牟人，爲周威王師。

王孫子一篇。一曰巧心。

公孫固一篇。十八章。齊閔王失國，(聞)〔問〕之，固因爲陳古今成敗也。

李氏春秋二篇。

羊子四篇。百章。故秦博士。

董子一篇。名無心，難墨子。

(俟)〔侯〕子一篇。〔八〕

徐子四十二篇。宋外黃人。

魯仲連子十四篇。有列傳。

平原君七篇。朱建也。

虞氏春秋十五篇。虞卿也。

高祖傳十三篇。高祖與大臣述古語及詔策也。

陸賈二十三篇。

劉敬三篇。

孝文傳十一篇。文帝所稱及詔策。

太常蓼侯孔臧十篇。父聚，高祖時以功臣封，臧嗣爵。

賈山八篇。

賈誼五十八篇。

河間獻王對上下三雍宮三篇。

董仲舒百二十三篇。

兒寬九篇。

公孫弘十篇。

終軍八篇。

吾丘壽王六篇。

虞丘說一篇。難孫卿也。

莊助四篇。

臣彭四篇。

鉤盾冗從李步昌八篇。宣帝時數言事。

儒家言十八篇。不知作者。

桓寬鹽鐵論六十篇。〔九〕

劉向所序六十七篇。新序、說苑、世說、列女傳頌圖也。

揚雄所序三十八篇。太玄十九，法言十三，樂四，箴二。

右儒五十三家，八百三十六篇。入揚雄一家〔三〕十八篇。

〔一〕師古曰：「有列傳者，謂太史公書。」

〔二〕師古曰：「宓讀與伏同。」

〔三〕師古曰：「聖證論云軻字子車，而此志無字，未詳其所得。」

〔四〕師古曰：「本曰荀卿，避宣帝諱，故曰孫。」

〔五〕師古曰：「芈音弭。」

〔六〕師古曰：「即今之六韜也，蓋言取天下及軍旅之事。弢字與韜同也。」

〔七〕如淳曰：「讕音粲爛。」師古曰：「說者引孔子家語云孔穿所造，非也。」

〔八〕李奇曰：「或作侔子。」

〔九〕師古曰：「寬字次公，汝南人也。孝昭帝時，丞相御史與諸賢良文學論鹽鐵事，寬撰次之。」

儒家者流，蓋出於司徒之官，助人君順陰陽明教化者也。游文於六經之中，留意於仁義之際，祖述堯舜，憲章文武，宗師仲尼，以重其言，〔一〕於道最爲高。孔子曰：「如有所譽，其有所試。」〔二〕唐虞之隆，殷周之盛，仲尼之業，已試之效者也。然惑者既失精微，而辟者又隨時抑揚，違離道本，〔三〕苟以譁衆取寵。〔四〕後進循之，是以五經乖析，儒學寖衰，此辟儒之患。〔五〕

〔一〕師古曰：「祖，始也。述，修也。憲，法也。章，明也。宗，尊也。言以堯舜爲本始而遵修之，以文王、武王爲明法，又師尊仲尼之道。」

〔二〕師古曰：「論語載孔子之言也。言於人有所稱譽者，輒試以事，取其實效也。譽音弋於反。」

〔三〕師古曰：「辟讀曰僻。」

〔四〕師古曰：「譁，諠也。寵，尊也。譁音呼華反。」

〔五〕師古曰：「寖，漸也。辟讀曰僻。」

伊尹五十一篇。湯相。

太公二百三十七篇。呂望為周師尚父，本有道者。或有近世又以為太公術者所增加也。〔一〕謀八十一篇，言七十一篇，兵八十五篇。

辛甲二十九篇。紂臣，七十五諫而去，周封之。

鬻子二十二篇。名熊，為周師，自文王以下問焉，周封為楚祖。〔二〕

筦子八十六篇。名夷吾，相齊桓公，九合諸侯，不以兵車也，有列傳。〔三〕

老子鄰氏經傳四篇。姓李，名耳，鄰氏傳其學。

老子傅氏經說三十七篇。述老子學。

老子徐氏經說六篇。字少季，臨淮人，傳老子。

劉向說老子四篇。

文子九篇。老子弟子，與孔子並時，而稱周平王問，似依託者也。

蜎子十三篇。名淵，楚人，老子弟子。〔四〕

關尹子九篇。名喜，爲關吏，老子過關，喜去吏而從之。

莊子五十二篇。名周，宋人。

列子八篇。名圄寇，先莊子，莊子稱之。

老成子十八篇。

長盧子九篇。〔楚人〕。

王狄子一篇。

公子牟四篇。魏之公子也，先莊子，莊子稱之。

田子二十五篇。名駢，齊人，游稷下，號天口駢。〔五〕

老萊子十六篇。楚人，與孔子同時。

黔婁子四篇。齊隱士，守道不詘，威王下之。〔六〕

宮孫子二篇。〔七〕

鶡冠子一篇。楚人，居深山，以鶡爲冠。〔八〕

周訓十四篇。〔九〕

黃帝四經四篇。

黃帝銘六篇。

黃帝君臣十篇。起六國時，與老子相似也。

雜黃帝五十八篇。六國時賢者所作。

力牧二十二篇。六國時所作，託之力牧。力牧，黃帝相。

孫子十六篇。六國時。

捷子二篇。齊人，武帝時說。

曹羽二篇。楚人，武帝時說於齊王。

郎中嬰齊十二篇。武帝時。〔一〇〕

臣君子二篇。蜀人。

鄭長者一篇。六國時。先韓子，韓子稱之。〔一一〕

楚子三篇。

道家言二篇。近世，不知作者。

右道三十七家，九百九十三篇。

〔一〇〕師古曰：「父讀曰甫也。」

〔一一〕師古曰：「鬻音弋六反。」

〔三〕師古曰：「㝃讀與管同。」

〔四〕師古曰：「蜎，姓也，音一元反。」

〔五〕師古曰：「駢音步田反。」

〔六〕師古曰：「黔音其炎反。下音胡𥝩反。」

〔七〕師古曰：「宮孫，姓也，不知名。」

〔八〕師古曰：「以鷸鳥羽為冠。」

〔九〕師古曰：「劉向別錄云人間小書，其言俗薄。」

〔一〇〕師古曰：「劉向云故待詔，不知其姓，數從游觀，名能為文。」

〔一一〕師古曰：「別錄云鄭人，不知姓名。」

道家者流，蓋出於史官，歷記成敗存亡禍福古今之道，然後知秉要執本，清虛以自守，卑弱以自持，此君人南面之術也。合於堯之克攘，〔一〕易之嗛嗛，一謙而四益，此其所長也。〔二〕及放者為之，則欲絕去禮學，兼棄仁義，〔三〕曰獨任清虛可以為治。

〔一〕師古曰：「虞書堯典稱堯之德曰『允恭克讓』，言其信恭能讓也，故志引之云。攘，古讓字。」

〔二〕師古曰「四益，謂天道虧盈而益謙，地道變盈而流謙，鬼神害盈而福謙，人道惡盈而好謙也。此謙卦象辭。嗛字與謙同。」

〔三〕師古曰：「放，蕩也。」

宋司星子韋三篇。景公之史。

公檮生終始十四篇。傳鄒奭始終書。〔一〕

公孫發二十二篇。六國時。

鄒子四十九篇。名衍，齊人，爲燕昭王師，居稷下，號談天衍。

鄒子終始五十六篇。〔二〕

乘丘子五篇。六國時。

杜文公五篇。六國時。〔三〕

黃帝泰素二十篇。六國時韓諸公子所作。〔四〕

南公三十一篇。六國時。

容成子十四篇。

張蒼十六篇。丞相北平侯。

鄒奭子十二篇。齊人，號曰雕龍奭。〔五〕

閭丘子十三篇。名快，魏人，在南公前。

馮促十三篇。鄭人。

將鉅子五篇。六國時。先南公，南公稱之。

五曹官制五篇。漢制，似賈誼所條。

周伯十一篇。齊人，六國時。

衞侯官十二篇。近世，不知作者。

于長天下忠臣九篇。平陰人，近世。〔六〕

公孫渾邪十五篇。平曲侯。

雜陰陽三十八篇。不知作者。

右陰陽二十一家，三百六十九篇。

〔一〕師古曰：「檮音疇，其字從木。」

〔二〕師古曰：「亦鄒衍所說。」

〔三〕師古曰：「劉向別錄云韓人也。」

〔四〕師古曰：「劉向別錄云或言韓諸公孫之所作也。言陰陽五行，以爲黃帝之道也，故曰泰素。」

〔五〕師古曰：「乘音試亦反。」

〔六〕師古曰：「劉向別錄云傳天下忠臣。」

陰陽家者流，蓋出於羲和之官，敬順昊天，歷象日月星辰，敬授民時，此其所長也。及

拘者爲之，則牽於禁忌，泥於小數，〔一〕舍人事而任鬼神。〔二〕

〔一〕師古曰：「泥，滯也，音乃計反。」

〔二〕師古曰：「舍，廢也。」

李子三十二篇。名悝，相魏文侯，富國彊兵。

商君二十九篇。名鞅，姬姓，衞後也，相秦孝公，有列傳。

申子六篇。名不害，京人，相韓昭侯，終其身諸侯不敢侵韓。〔一〕

處子九篇。〔二〕

慎子四十二篇。名到，先申韓，申韓稱之。

韓子五十五篇。名非，韓諸公子，使秦，李斯害而殺之。

游棣子一篇。〔三〕

鼂錯三十一篇。

燕十事十篇。不知作者。

法家言二篇。不知作者。

右法十家，二百一十七篇。

〔一〕師古曰：「京，河南京縣。」

〔二〕師古曰：「史記云趙有處子。」

〔三〕師古曰：「棣音徒計反。」

法家者流，蓋出於理官，信賞必罰，以輔禮制。易曰「先王以明罰飭法」，〔一〕此其所長也。及刻者爲之，則無教化，去仁愛，專任刑法而欲以致治，至於殘害至親，傷恩薄厚。〔二〕

〔一〕師古曰：「噬嗑之象辭也。飭，整也，讀與敕同。」

〔二〕師古曰：「薄厚者，變厚爲薄。」

鄧析二篇。鄭人，與子產並時。〔一〕

尹文子一篇。說齊宣王。先公孫龍。〔二〕

公孫龍子十四篇。趙人。〔三〕

成公生五篇。與黃公等同時。〔四〕

惠子一篇。名施，與莊子並時。

黃公四篇。名疵，爲秦博士，作歌詩，在秦時歌詩中。〔五〕

毛公九篇。趙人，與公孫龍等並游平原君趙勝家。〔六〕

右名七家，三十六篇。

〔一〕師古曰：「列子及孫卿並云子產殺鄧析。據左傳，昭公二十年子產卒，定公九年駟歂殺鄧析而用其竹刑，則非子產所殺也。」

〔二〕師古曰：「劉向云與宋鈃俱游稷下。鈃音形。」

〔三〕師古曰：「卽爲堅白之辯者。」

〔四〕師古曰：「姓成公。劉向云與李斯子由同時。由爲三川守，成公生游談不仕。」

〔五〕師古曰：「疵音才斯反。」

〔六〕師古曰：「劉向別錄云論堅白同異，以爲可以治天下。此蓋史記所云『藏於博徒』者。」

名家者流，蓋出於禮官。古者名位不同，禮亦異數。孔子曰：「必也正名乎！名不正則言不順，言不順則事不成。」〔一〕此其所長也。及警者爲之，〔二〕則苟鉤(鈲)〔釽〕析亂而已。〔三〕

〔一〕師古曰：「論語載孔子之言也。言欲爲政，必先正其名。」

〔二〕晉灼曰：「警，訐也。」師古曰：「警音工釣反。」

〔三〕師古曰：「(鈲)〔釽〕，破也，音普革反，又音普狄反。」

尹佚二篇。周臣，在成、康時也。

田俅子三篇。先韓子。〔一〕

我子一篇。〔二〕

隨巢子六篇。墨翟弟子。

胡非子三篇。墨翟弟子。

墨子七十一篇。名翟，爲宋大夫，在孔子後。

右墨六家，八十六篇。

〔一〕蘇林曰：「俅音仇。」

〔二〕師古曰：「劉向別錄云爲墨子之學。」

墨家者流，蓋出於清廟之守。茅屋采椽，〔一〕是以貴儉；養三老五更，是以兼愛；選士大射，是以上賢；宗祀嚴父，是以右鬼；〔二〕順四時而行，是以非命；〔三〕以孝視天下，是以上同：〔四〕此其所長也。及蔽者爲之，見儉之利，因以非禮，推兼愛之意，而不知別親疏。

〔一〕師古曰：「采，柞木也，字作棌，本從木。以茅覆屋，以棌爲椽，言其質素也。采音千在反。」

〔二〕如淳曰：「右鬼，謂信鬼神。若杜伯射宣王，是親鬼而右之。」師古曰：「右猶尊尚也。」

〔三〕蘇林曰：「非有命者，言儒者執有命，而反勸人修德積善，政敎與行相反，故譏之也。」如淳曰：「言無吉凶之命，但有賢不肖(之)善惡。」

〔四〕如淳曰：「言皆同，可以治也。」師古曰：「墨子有節用、兼愛、上賢、明鬼神、非命、上同等諸篇，故志歷序其本意也。視讀曰示。」

蘇子三十一篇。名秦，有列傳。

張子十篇。名儀，有列傳。

龐煖二篇。為燕將。〔一〕

闕子一篇。

國筮子十七篇。

秦零陵令信一篇。難秦相李斯。

蒯子五篇。名通。

鄒陽七篇。

主父偃二十八篇。

徐樂一篇。

莊安一篇。

待詔金馬聊蒼三篇。趙人，武帝時。〔三〕

右從橫十二家，百七篇。

〔一〕師古曰：「煖音許遠反。」

〔二〕師古曰：「嚴助傳作膠蒼，而此志作聊。志傳不同，未知孰是。」

從橫家者流，蓋出於行人之官。孔子曰：「誦詩三百，使於四方，不能專對，雖多亦奚以爲？」〔一〕又曰：「使乎，使乎！」〔二〕言其當權事制宜，受命而不受辭，此其所長也。及邪人爲之，則上詐諼而棄其信。〔三〕

〔一〕師古曰：「論語載孔子之言也。謂人不達於事，誦詩雖多，亦無所用。」

〔二〕師古曰：「亦論語載孔子之言，歎使者之難其人。」

〔三〕師古曰：「諼，詐言也，音許遠反。」

孔甲盤盂二十六篇。黄帝之史，或曰夏帝孔甲，似皆非。

大命三十七篇。傳言禹所作，其文似後世語。〔一〕

五子胥八篇。名員，春秋時爲吳將，忠直遇讒死。

子晚子三十五篇。齊人，好議兵，與司馬法相似。

由余三篇。戎人，秦穆公聘以爲大夫。

尉繚（子）二十九篇。六國時。〔二〕

尸子二十篇。名佼，魯人，秦相商君師之。鞅死，佼逃入蜀。〔三〕
呂氏春秋二十六篇。秦相呂不韋輯智略士作。
淮南內二十一篇。王安。
淮南外三十三篇。〔四〕
東方朔二十篇。
伯象先生一篇。〔五〕
荆軻論五篇。軻爲燕刺秦王，不成而死，司馬相如等論之。
吳子一篇。
公孫尼一篇。
博士臣賢對一篇。漢世，難韓子、商君。
臣說三篇。武帝時(所)作賦。〔六〕
解子簿書三十五篇。
推雜書八十七篇。
雜家言一篇。王伯，不知作者。〔七〕
右雜二十家，四百三篇。入兵法。

〔一〕師古曰：「命，古禹字。」

〔二〕師古曰：「尉，姓；繚，名也。音了，又音聊。劉向別錄云繚為商君學。」

〔三〕師古曰：「佼音絞。」

〔四〕師古曰：「內篇論道，外篇雜說。」

〔五〕應劭曰：「蓋隱者也，故公孫敖難以無益世主之治。」

〔六〕師古曰：「說者，其人名，讀曰悅。」

〔七〕師古曰：「言伯王之道。伯讀曰霸。」

雜家者流，蓋出於議官。兼儒、墨，合名、法，知國體之有此，〔一〕見王治之無不貫，〔二〕此其所長也。及盪者為之，則漫羨而無所歸心。〔三〕

〔一〕師古曰：「治國之體，亦當有此雜家之說。」

〔二〕師古曰：「王者之治，於百家之道無不貫綜。」

〔三〕師古曰：「漫，放也。羨音弋戰反。」

神農二十篇。六國時，諸子疾時（念）〔怠〕於農業，道耕農事，託之神農。〔一〕

野老十七篇。六國時，在齊、楚閒。〔二〕

宰氏十七篇。不知何世。

董安國十六篇。漢代內史，不知何帝時。

尹都尉十四篇。不知何世。

趙氏五篇。不知何世。

氾勝之十八篇。成帝時爲議郎。〔一〕

王氏六篇。不知何世。

蔡癸一篇。宣帝時，以言便宜，至弘農太守。〔四〕

右農九家，百一十四篇。

〔一〕師古曰：「劉向別錄云疑李悝及商君所說。」

〔二〕應劭曰：「年老居田野，相民耕種，故號野老。」

〔三〕師古曰：「劉向別錄云使敎田三輔，有好田者師之，徙爲御史。氾音凡，又音敷劍反。」

〔四〕師古曰：「劉向別錄云邯鄲人。」

農家者流，蓋出於農稷之官。播百穀，勸耕桑，以足衣食，故八政一曰食，二曰貨。孔子曰「所重民食」，〔一〕此其所長也。及鄙者爲之，以爲無所事聖王，〔二〕欲使君臣並耕，誖上下之序。〔三〕

〔一〕師古曰：「論語載孔子稱殷湯伐桀告天辭也。言爲君之道，所重者在人之食。」

〔三〕師古曰：「言不須聖（主）〔王〕，天下自治。」

〔三〕師古曰：「誖，亂也，音布內反。」

伊尹說二十七篇。其語淺薄，似依託也。

鬻子說十九篇。後世所加。

周考七十六篇。考周事也。

青史子五十七篇。古史官記事也。

師曠六篇。見春秋，其言淺薄，本與此同，似因託之。

務成子十一篇。稱堯問，非古語。

宋子十八篇。孫卿道宋子，其言黃老意。

天乙三篇。天乙謂湯，其言非殷時，皆依託也。

黃帝說四十篇。迂誕依託。

封禪方說十八篇。武帝時。

待詔臣饒心術二十五篇。武帝時。〔一〕

待詔臣安成未央術一篇。〔二〕

臣壽周紀七篇。項國圉人，宣帝時。

虞初周說九百四十三篇。河南人，武帝時以方士侍郎(䚃)〔號〕黃車使者。〔一〕

百家百三十九卷。

右小說十五家，千三百八十篇。

〔一〕師古曰：「劉向別錄云饒齊人也，不知其姓，武帝時待詔，作書名曰心術也。」

〔二〕應劭曰：「道家也，好養生事，爲未央之術。」

〔三〕應劭曰：「其說以周書爲本。」師古曰：「史記云虞初洛陽人，卽張衡西京賦『小說九百，本自虞初』者也。」

小說家者流，蓋出於稗官。〔一〕街談巷語，道聽塗說者之所造也。孔子曰：「雖小道，必有可觀者焉，致遠恐泥，是以君子弗爲也。」〔二〕然亦弗滅也。閭里小知者之所及，亦使綴而不忘。如或一言可采，此亦芻蕘狂夫之議也。

〔一〕如淳曰：「稗音鍛家排。九章『細米爲稗』。街談巷說，其細碎之言也。王者欲知閭巷風俗，故立稗官使稱說之。今世亦謂偶語爲稗。」師古曰：「稗音稊稗之稗，不與鍛排同也。稗官，小官。漢名臣奏唐林請省置吏，公卿大夫至都官稗官各減什三，是也。」

〔二〕師古曰：「論語載孔子之言。泥，滯也，音乃細反。」

凡諸子百八十九家，四千三百二十四篇。出蹵鞠一家，二十五篇。

諸子十家，其可觀者九家而已。皆起於王道既微，諸侯力政，時君世主，好惡殊方，〔一〕是以九家之(說)〔術〕蠭出並作，〔二〕各引一端，崇其所善，以此馳說，取合諸侯。其言雖殊，辟猶水火，相滅亦相生也。〔三〕仁之與義，敬之與和，相反而皆相成也。易曰：「天下同歸而殊塗，一致而百慮。」〔四〕今異家者各推所長，窮知究慮，以明其指，雖有蔽短，合其要歸，亦六經之支與流裔。〔五〕使其人遭明王聖主，得其所折中，皆股肱之材已。〔六〕仲尼有言：「禮失而求諸野。」〔七〕方今去聖久遠，道術缺廢，無所更索，〔八〕彼九家者，不猶瘉於野乎？〔九〕若能修六藝之術，而觀此九家之言，舍短取長，則可以通萬方之略矣。〔一〇〕

〔一〕師古曰：「好音呼到反。惡音一故反。」

〔二〕師古曰：「蠭與鋒同。」

〔三〕師古曰：「辟讀曰譬。」

〔四〕師古曰：「下繫之辭。」

〔五〕師古曰：「裔，衣末也。其於六經，如水之下流，衣之末裔。」

〔六〕師古曰：「已，語終辭。」

〔七〕師古曰：「言都邑失禮，則於外野求之，亦將有獲。」

〔八〕師古曰：「索，求也。」

〔九〕師古曰：「瘉與愈同。愈，勝也。」

〔10〕師古曰：「舍，廢也。」

屈原賦二十五篇。楚懷王大夫，有列傳。

唐勒賦四篇。楚人。

宋玉賦十六篇。楚人，與唐勒並時，在屈原後也。

趙幽王賦一篇。

莊夫子賦二十四篇。名忌，吳人。

賈誼賦七篇。

枚乘賦九篇。

司馬相如賦二十九篇。

淮南王賦八十二篇。

淮南王羣臣賦四十四篇。

太常蓼侯孔臧賦二十篇。

陽丘侯劉隁賦十九篇。〔一〕

吾丘壽王賦十五篇。

蔡甲賦一篇。

上所自造賦二篇。〔二〕

兒寬賦二篇。

光祿大夫張子僑賦三篇。與王褒同時也。

陽成侯劉德賦九篇。

劉向賦三十三篇。

王褒賦十六篇。

右賦二十家，三百六十一篇。

〔一〕師古曰：「揠音偃。」

〔二〕師古曰：「武帝也。」

陸賈賦三篇。

枚皋賦百二十篇。

朱建賦二篇。

常侍郎莊怱奇賦十一篇。枚皋同時。〔一〕

嚴助賦三十五篇。〔三〕

朱買臣賦三篇。

宗正劉辟彊賦八篇。

司馬遷賦八篇。

郎中臣嬰齊賦十篇。

臣說賦九篇。〔三〕

臣吾賦十八篇。

遼東太守蘇季賦一篇。

蕭望之賦四篇。

河內太守徐明賦三篇。字長君，東海人，元、成世歷五郡太守，有能名。

給事黃門侍郎李息賦九篇。

淮陽憲王賦二篇。

揚雄賦十二篇。

待詔馮商賦九篇。

博士弟子杜參賦二篇。〔四〕

車郎張豐賦三篇。張子僑子。

驃騎將軍朱宇賦三篇。〔五〕

右賦二十一家，二百七十四篇。入揚雄八篇。

〔一〕師古曰：「七略云『忽奇者，或言莊夫子子，或言族家子莊助昆弟也。從行至茂陵，（造作）〔詔造〕賦』。」

〔二〕師古曰：「上言莊忽奇，下言嚴助，史駮文。」

〔三〕師古曰：「說，名，音悅。」

〔四〕師古曰：「劉向別錄云『臣向謹與長社尉杜參校中祕書』。劉歆又云『參，杜陵人，以陽朔元年病死，〔死〕時年二十餘』。」

〔五〕師古曰：「劉向別錄云『驃騎將軍史朱宇』，志以宇在驃騎府，故總言驃騎將軍。」

孫卿賦十篇。

秦時雜賦九篇。

李思孝景皇帝頌十五篇。

廣川惠王越賦五篇。

長沙王羣臣賦三篇。

魏內史賦二篇。

東暆令延年賦七篇。〔一〕

衛士令李忠賦二篇。

張偃賦二篇。

賈充賦四篇。

張仁賦六篇。

秦充賦二篇。

李步昌賦二篇。

侍郎謝多賦十篇。

平陽公主舍人周長孺賦二篇。

雒陽錡華賦九篇。〔二〕

眭弘賦一篇。〔三〕

別栩陽賦五篇。〔四〕

臣昌市賦六篇。

臣義賦二篇。

黄門書者假史王商賦十三篇。

侍中徐博賦四篇。

黄門書者王廣呂嘉賦五篇。

漢中都尉丞華龍賦二篇。

左馮翊史路恭賦八篇。

右賦二十五家，百三十六篇。

〔一〕師古曰：「東暆，縣名。暆音移。」

〔二〕師古曰：「錡，姓；華，名。錡音魚綺反。」

〔三〕師古曰：「即眭孟也。眭音先隨反。」

〔四〕服虔曰：「栩音詡。」

客主賦十八篇。

雜行出及頌德賦二十四篇。

雜四夷及兵賦二十篇。

雜中賢失意賦十二篇。

雜思慕悲哀死賦十六篇。

雜鼓琴劍戲賦十三篇。

雜山陵水泡雲氣雨旱賦十六篇。〔一〕

雜禽獸六畜昆蟲賦十八篇。

雜器械草木賦三十三篇。

（文）〔大〕雜賦三十四篇。

成相雜辭十一篇。

隱書十八篇。〔二〕

右雜賦十二家，二百三十三篇。

〔一〕師古曰：「泡，水上浮漚也。泡音普交反。漚音一侯反。」

〔二〕師古曰：「劉向別錄云『隱書者，疑其言以相問，對者以慮思之，可以無不諭』。」

高祖歌詩二篇。

泰一雜甘泉壽宮歌詩十四篇。

宗廟歌詩五篇。

漢興以來兵所誅滅歌詩十四篇。

出行巡狩及游歌詩十篇。

臨江王及愁思節士歌詩四篇。

李夫人及幸貴人歌詩三篇。

詔賜中山靖王子噲及孺子妾冰未央材人歌詩四篇。〔一〕

吳楚汝南歌詩十五篇。

燕代謳雁門雲中隴西歌詩九篇。

邯鄲河間歌詩四篇。

齊鄭歌詩四篇。

淮南歌詩四篇。

左馮翊秦歌詩三篇。

京兆尹秦歌詩五篇。

河東蒲反歌詩一篇。

黄門倡車忠等歌詩十五篇。

雜各有主名歌詩十篇。

雜歌詩九篇。

雒陽歌詩四篇。

河南周歌詩七篇。

河南周歌聲曲折七篇。

周謠歌詩七十五篇。

周謠歌詩聲曲折七十五篇。

諸神歌詩三篇。

送迎靈頌歌詩三篇。

周歌詩二篇。

南郡歌詩五篇。

右歌詩二十八家，三百一十四篇。

〔一〕師古曰：「孺子，王妾之有品號者也。妾，王之衆妾也。冰，其名。材人，天子內官。」

凡詩賦百六家，千三百一十八篇。入揚雄八篇。

傳曰：「不歌而誦謂之賦，登高能賦可以爲大夫。」言感物造耑，材知深美，〔一〕可與圖事，故可以爲列大夫也。古者諸侯卿大夫交接鄰國，以微言相感，當揖讓之時，必稱詩以諭其志，蓋以別賢不肖而觀盛衰焉。故孔子曰「不學詩，無以言」也。〔一〕春秋之後，周道寖壞，〔二〕聘問歌詠不行於列國，學詩之士逸在布衣，而賢人失志之賦作矣。大儒孫卿及楚臣屈原離讒憂國，皆作賦以風，〔三〕咸有惻隱古詩之義。其後宋玉、唐勒，漢興枚乘、司馬相如，下及揚子雲，競爲侈麗閎衍之詞，沒其風諭之義。是以揚子悔之，曰：「詩人之賦麗以則，辭人之賦麗以淫。〔四〕如孔氏之門人用賦也，則賈誼登堂，相如入室矣，如其不用何！」〔五〕自孝武立樂府而采歌謠，於是有代趙之謳，秦楚之風，皆感於哀樂，緣事而發，亦可以觀風俗，知薄厚云。〔六〕序詩賦爲五種。

〔一〕師古曰：「耑，古端字也。因物動志，則造辭義之端緒。」

〔二〕師古曰：「論語載孔子戒伯魚之辭也。」

〔三〕師古曰：「寖，漸也。」

〔四〕師古曰：「離，遭也。風讀曰諷。次下亦同。」

〔五〕師古曰：「辭人，言後代之爲文辭。」

〔六〕師古曰：「言孔氏之門既不用賦，不可如何。謂賈誼、相如無所施也。」

吳孫子兵法八十二篇。圖九卷。〔一〕

齊孫子八十九篇。圖四卷。〔二〕

公孫鞅二十七篇。

吳起四十八篇。有列傳。

范蠡二篇。越王句踐臣也。

大夫種二篇。與范蠡俱事句踐。

（季）〔李〕子十篇。

娷一篇。〔三〕

兵春秋一篇。

龐煖三篇。〔四〕

兒良一篇。〔五〕

廣武君一篇。李左車。

韓信三篇。〔六〕

右兵權謀十三家，二百五十九篇。省伊尹、太公、管子、孫卿子、鶡冠子、蘇子、蒯通、陸賈、淮南王二百五十九種，出司馬法入禮也。

〔一〕師古曰：「孫武也，臣於闔廬。」

〔二〕師古曰：「孫臏。」

〔三〕師古曰：「娷音女瑞反，蓋說兵法者，人名也。」

〔四〕師古曰：「烄音許遠反，又音許元反。」

〔五〕師古曰：「六國時人也。兒音五溪反。」

〔六〕師古曰：「淮陰侯。」

權謀者，以正守國，以奇用兵，先計而後戰，兼形勢，包陰陽，用技巧者也。

楚兵法七篇。圖四卷。

蚩尤二篇。見呂刑。

孫軫五篇。圖二卷。

繇敍二篇。

王孫十六篇。圖五卷。

尉繚三十一篇。

魏公子二十一篇。圖十卷。名無忌，有列傳。

景子十三篇。

李良三篇。

丁子一篇。

項王一篇。名籍。

右兵形勢十一家，九十二篇，圖十八卷。

形勢者，靁動風舉，後發而先至，離合背鄉，變化無常，〔一〕以輕疾制敵者也。

〔一〕師古曰：「背音步內反。鄉讀曰嚮。」

太壹兵法一篇。

天一兵法三十五篇。

神農兵法一篇。

黃帝十六篇。圖三卷。

封胡五篇。黃帝臣，依託也。

風后十三篇。圖二卷。黃帝臣，依託也。

力牧十五篇。黃帝臣，依託也。

鵊冶子一篇。圖一卷。〔一〕

鬼容區三篇。圖一卷。黄帝臣，依託。〔三〕

地典六篇。

孟子一篇。

東父三十一篇。

師曠八篇。晉平公臣。

萇弘十五篇。周史。

別成子望軍氣六篇。圖三卷。

辟兵威勝方七十篇。

右陰陽十六家，二百四十九篇，圖十卷。

陰陽者，順時而發，推刑德，隨斗擊，因五勝，〔一〕假鬼神而爲助者也。

〔三〕師古曰：「即鬼臾區也。」

〔二〕晉灼曰：「鵊音夾。」

〔一〕師古曰：「五勝，五行相勝也。」

鮑子兵法十篇。圖一卷。

五子胥十篇。圖一卷。

公勝子五篇。

苗子五篇。圖一卷。

逢門射法二篇。〔一〕

陰通成射法十一篇。

李將軍射法三篇。〔二〕

魏氏射法六篇。

彊弩將軍王圍射法五卷。〔三〕

望遠連弩射法具十五篇。

護軍射師王賀射書五篇。

蒲苴子弋法四篇。〔四〕

劍道三十八篇。

手搏六篇。

雜家兵法五十七篇。

蹵鞠二十五篇。〔五〕

右兵技巧十三家，百九十九篇。省墨子重，入蹵鞠也。

〔一〕師古曰：「即逢蒙。」

〔二〕師古曰：「李廣。」

〔三〕師古曰：「圍，郁郅人也，見趙充國傳。」

〔四〕師古曰：「萇音子余反。」

〔五〕師古曰：「鞠以韋爲之，實以物，蹵蹋之以爲戲也。蹵鞠，陳力之事，故附於兵法焉。蹵音子六反。鞠音巨六反。」

技巧者，習手足，便器械，積機關，以立攻守之勝者也。

凡兵書五十三家，七百九十篇，圖四十三卷。省十家二百七十一篇重，入蹵鞠一家二十五篇，出司馬法百五十五篇入禮也。

兵家者，蓋出古司馬之職，王官之武備也。洪範八政，八曰師。孔子曰爲國者「足食足兵」，〔一〕「以不教民戰，是謂棄之」，〔二〕明兵之重也。易曰「古者弦木爲弧，剡木爲矢，弧矢之利，以威天下」，〔三〕其用上矣。後世燿金爲刃，割革爲甲，〔四〕器械甚備。下及湯武受命，以師克亂而濟百姓，動之以仁義，行之以禮讓，司馬法是其遺事也。自春秋至於戰國，出奇設伏，變詐之兵並作。漢興，張良、韓信序次兵法，凡百八十二家，删取要用，定著三十五家。諸呂用事而盜取之。武帝時，軍政楊僕捃摭遺逸，紀奏兵錄，〔五〕猶未能備。至于孝成，命任宏論次兵書爲四種。

〔一〕師古曰：「論語載孔子之言。無兵與食，不可以爲國。」
〔二〕師古曰：「亦論語所載孔子之言，非其不素習武備。」
〔三〕師古曰：「下繫之辭也。弧，木弓也。剡謂銳而利之也，音弋冉反。」
〔四〕師古曰：「爍讀與鑠同，謂銷也。」
〔五〕師古曰：「捃摭，謂拾取之。捃音九問反。摭音之石反。」

泰壹雜子星二十八卷。

五殘雜變星二十一卷。〔一〕

黃帝雜子氣三十三篇。

常從日月星氣二十一卷。〔二〕

皇公雜子星二十二卷。

淮南雜子星十九卷。

泰壹雜子雲雨三十四卷。

國章觀霓雲雨三十四卷。

泰階六符一卷。〔三〕

金度玉衡漢五星客流出入八篇。

漢五星彗客行事占驗八卷。

漢日旁氣行事占驗三卷。

漢流星行事占驗八卷。

漢日旁氣行占驗十三卷。

漢日食月暈雜變行事占驗十三卷。

海中星占驗十二卷。

海中五星經雜事二十二卷。

海中五星順逆二十八卷。

海中二十八宿國分二十八卷。

海中二十八宿臣分二十八卷。

海中日月彗虹雜占十八卷。

圖書祕記十七篇。

右天文二十一家，四百四十五卷。

〔一〕師古曰：「五殘，星名也。見天文志。」

〔二〕師古曰：「常從，人姓名也，老子師之。」

〔三〕李奇曰：「三台謂之泰階，兩兩成體，三台故六。觀色以知吉凶，故曰符。」

天文者，序二十八宿，步五星日月，以紀吉凶之象，聖王所以參政也。易曰：「觀乎天文，以察時變。」〔一〕然星事殉悍，非湛密者弗能由也。〔二〕夫觀景以譴形，非明王亦不能服聽也。以不能由之臣，諫不能聽之王，此所以兩有患也。

〔一〕師古曰：「賁卦之象辭也。」

〔二〕師古曰：「殉讀與凶同。湛讀曰沈。由，用也。」

黃帝五家曆三十三卷。

顓頊曆二十一卷。

顓頊五星曆十四卷。

日月宿曆十三卷。

夏殷周魯曆十四卷。

天曆大曆十八卷。

漢元殷周諜曆十七卷。

耿昌月行帛圖二百三十二卷。

耿昌月行度二卷。

傳周五星行度三十九卷。

律曆數法三卷。

自古五星宿紀三十卷。

太歲謀日晷二十九卷。

帝王諸侯世譜二十卷。

古來帝王年譜五卷。

日晷書三十四卷。

許商算術二十六卷。

杜忠算術十六卷。

右曆譜十八家，六百六卷。

曆譜者，序四時之位，正分至之節，會日月五星之辰，以考寒暑殺生之實。故聖王必正曆數，以定三統服色之制，又以探知五星日月之會。凶阨之患，吉隆之喜，其術皆出焉。此聖人知命之術也，非天下之至材，其孰與焉！〔一〕道之亂也，患出於小人而强欲知天道者，壞大以爲小，削遠以爲近，是以道術破碎而難知也。

〔一〕師古曰：「與讀曰豫。」

泰一陰陽二十三卷。

黄帝陰陽二十五卷。

黄帝諸子論陰陽二十五卷。

諸王子論陰陽二十五卷。

太元陰陽二十六卷。

三典陰陽談論二十七卷。

神農大幽五行二十七卷。

四時五行經二十六卷。

猛子閭昭二十五卷。

陰陽五行時令十九卷。
堪輿金匱十四卷。〔一〕
務成子災異應十四卷。
十二典災異應十二卷。
鍾律災異二十六卷。
鍾律叢辰日苑二十三卷。
鍾律消息二十九卷。
黃鍾七卷。
天一六卷。
泰一二十(二)九卷。
刑德七卷。
風鼓六甲二十四卷。
風后孤虛二十卷。
六合隨典二十五卷。
轉位十二神二十五卷。

羨門式法二十卷。

羨門式二十卷。

文解六甲十八卷。

文解二十八宿二十八卷。

五音奇胲用兵二十三卷。〔一〕

五音奇胲刑德二十一卷。

五音定名十五卷。

右五行三十一家，六百五十二卷。

〔一〕師古曰：「許慎云『堪，天道；輿，地道也』。」

〔二〕如淳曰：「音該。」師古曰：「許慎云『胲，軍中約也』。」

五行者，五常之形氣也。書云「初一曰五行，次二曰羞用五事」，〔一〕言進用五事以順五行也。貌、言、視、聽、思心失，而五行之序亂，五星之變作，皆出於律曆之數而分爲一者也。〔二〕其法亦起五德終始，推其極則無不至。而小數家因此以爲吉凶，而行於世，寖以相亂。〔三〕

〔一〕師古曰：「周書洪範之辭也。」

〔二〕師古曰：「說皆在五行志也。」

〔三〕師古曰：「濅，漸也。」

龜書五十二卷。

夏龜二十六卷。

南龜書二十八卷。

巨龜三十六卷。

雜龜十六卷。

蓍書二十八卷。

周易三十八卷。

周易明堂二十六卷。

周易隨曲射匿五十卷。

大筮衍易二十八卷。

大次雜易三十卷。

鼠序卜黃二十五卷。

於陵欽易吉凶二十三卷。

任良易旗七十一卷。

易卦八具。

右蓍龜十五家，四百一卷。

蓍龜者，聖人之所用也。書曰：「女則有大疑，謀及卜筮。」〔一〕易曰：「定天下之吉凶，成天下之亹亹者，莫善於蓍龜。」「是故君子將有爲也，將有行也，問焉而以言，其受命也如嚮，無有遠近幽深，遂知來物。非天下之至精，其孰能與於此！」〔二〕及至衰世，解於齊戒，而婁煩卜筮，〔三〕神明不應。故筮瀆不告，易以爲忌；〔四〕龜厭不告，詩以爲刺。〔五〕

〔一〕師古曰：「周書洪範之辭也。言所爲之事有疑，則以卜筮決之也。龜曰卜，蓍曰筮。」

〔二〕師古曰：「皆上繫之辭也。亹亹，深遠也。言君子所爲行，皆以其言問於易。受命如嚮者，謂示以吉凶，其應速疾，如嚮之隨聲也。遂猶究也。來物謂當來之事也。嚮與響同。與讀曰豫。」

〔三〕師古曰：「解讀曰懈。齊讀曰齋。婁讀曰屢。」

〔四〕師古曰：「易蒙卦之辭曰『初筮告，再三瀆，瀆則不告』，言童蒙之來決疑，初則以實而告，至於再三，爲其煩瀆，乃不告也。」

〔五〕師古曰：「小雅小旻之詩曰『我龜既厭，不我告猶』，言卜問煩數，媟嫚於龜，龜靈厭之，不告以道也。」

黄帝長柳占夢十一卷。
甘德長柳占夢二十卷。
武禁相衣器十四卷。
嚏耳鳴雜占十六卷。〔一〕
禎祥變怪二十一卷。
人鬼精物六畜變怪二十一卷。
變怪誥咎十三卷。
執不祥劾鬼物八卷。
請官除訞祥十九卷。〔二〕
禳祀天文十八卷。〔三〕
請禱致福十九卷。
請雨止雨二十六卷。
泰壹雜子候歲二十二卷。
子贛雜子候歲二十六卷。
五法積貯寶臧二十三卷。

神農教田相土耕種十四卷。

昭明子釣種生魚鼈八卷。

種樹臧果相蠶十三卷。

右雜占十八家，三百一十三卷。

〔一〕師古曰：「嚏音丁計反。」

〔二〕師古曰：「訞字與妖同。」

〔三〕師古曰：「禳，除災也，音人羊反。」

雜占者，紀百事之象，候善惡之徵。〔一〕易曰：「占事知來。」〔二〕衆占非一，而夢爲大，故周有其官。〔三〕而詩載熊羆虺蛇衆魚旐旟之夢，著明大人之占，以考吉凶，〔四〕蓋參卜筮。春秋之說訞也，曰：「人之所忌，其氣炎以取之，訞由人興也。人失常則訞興，人無釁焉，訞不自作。」〔五〕故曰：「德勝不祥，義厭不惠。」〔六〕桑穀共生，大戊以興；鴝雉登鼎，武丁爲宗。〔七〕然惑者不稽諸躬，而忌訞之見，〔八〕是以詩刺「召彼故老，訊之占夢」，〔九〕傷其舍本而憂末，不能勝凶咎也。

〔一〕師古曰：「徵，證也。」

〔二〕師古曰：「下繫之辭也。言有事而占，則覩方來之驗也。」

〔三〕師古曰：「謂大卜掌三夢之法，又占夢中士二人，皆宗伯之屬官。」

〔四〕師古曰：「小雅斯干之詩曰：『吉夢維何？維熊維羆，男子之祥；維虺維蛇，女子之祥。』無羊之詩曰：『牧人乃夢，衆維魚矣，旐維旟矣。大人占之，衆維魚矣，實維豐年，旐維旟矣，室家溱溱。』言熊羆虺蛇皆爲吉祥之夢，而生男女。及見衆魚，則爲豐年之應，旐旟則爲多盛之象。大人占之，謂以聖人占夢之法占之也。畫龜蛇曰旐，鳥隼曰旟。」

〔五〕師古曰：「申繻之辭也，事見莊公十四年。炎謂火之光始餤餤也。言人之所忌，其氣餤引致於災也。舋，瑕也。失常，謂反五常之德也。炎讀與餤同。」

〔六〕師古曰：「厭音伊葉反。惠，順也。」

〔七〕師古曰：「說在郊祀、五行志。」

〔八〕師古曰：「稽，考也，計也。」

〔九〕師古曰：「小雅正月之詩也。故老，元老也。訊，問也。言不能修德以禳災，但問元老以占夢之吉凶。」

山海經十三篇。

國朝七卷。

宮宅地形二十卷。

相人二十四卷。

相寶劍刀二十卷。

相六畜三十八卷。

右形法六家，百二十二卷。

形法者，大舉九州之勢以立城郭室舍形，人及六畜骨法之度數、器物之形容以求其聲氣貴賤吉凶。猶律有長短，而各徵其聲，非有鬼神，數自然也。然形與氣相首尾，亦有有其形而無其氣，有其氣而無其形，此精微之獨異也。

凡數術百九十家，二千五百二十八卷。

數術者，皆明堂羲和史卜之職也。史官之廢久矣，其書既不能具，雖有其書而無其人。易曰：「苟非其人，道不虛行。」〔一〕春秋時魯有梓愼，鄭有裨竈，晉有卜偃，宋有子韋。六國時楚有甘公，魏有石申夫。漢有唐都，庶得麤觕。〔二〕蓋有因而成易，無因而成難，故因舊書以序數術爲六種。

〔一〕師古曰：「下繫之辭也。言道由人行。」

〔二〕師古曰：「觕，粗略也，音才戶反。」

黄帝内經十八卷。

外經三十(九)〔七〕卷。

扁鵲内經九卷。

外經十二卷。

白氏内經三十八卷。

外經三十六卷。

旁篇二十五卷。

右醫經七家，二百一十六卷。

醫經者，原人血脈經(絡)〔落〕骨髓陰陽表裏，以起百病之本，死生之分，而用度箴石湯火所施，〔一〕調百藥齊和之所宜。〔二〕至齊之得，猶慈石取鐵，以物相使。拙者失理，以癒爲劇，(以死爲生)〔以生爲死〕。〔三〕

〔一〕師古曰：「箴，所以刺病也。石謂砭石，即石箴也。古者攻病則有砭，今其術絕矣。箴音之林反。砭音彼廉反。」

〔二〕師古曰：「齊音才詣反，其下並同。和音乎臥反。」

〔三〕師古曰：「癒讀與愈同。愈，差也。」

五藏六府痺十二病方三十卷。〔一〕

五藏六府疝十六病方四十卷。〔二〕

五藏六府癉十二病方四十卷。〔三〕

風寒熱十六病方二十六卷。

泰始黃帝扁鵲俞拊方二十三卷。〔四〕

五藏傷中十一病方三十一卷。

客疾五藏狂顛病方十七卷。

金創瘲瘛方三十卷。〔五〕

婦人嬰兒方十九卷。

湯液經法三十二卷。

神農黃帝食禁七卷。

右經方十一家，二百七十四卷。

〔一〕師古曰：「痺，風溼之病，音必二反。」

〔二〕師古曰：「疝，心腹氣病，音山諫反，〔又音刪〕。」

〔三〕師古曰：「癉，黄病，音丁韓反。」

〔四〕應劭曰：「黄帝時醫也。」師古曰：「拊音膚。」

〔五〕服虔曰：「音瘈引之瘈。」師古曰：「小兒病也。瘛音充制反。瘲音子用反。」

經方者，本草石之寒温，量疾病之淺深，假藥味之滋，因氣感之宜，辯五苦六辛，致水火之齊，以通閉解結，反之於平。及失其宜者，以熱益熱，以寒增寒，精氣内傷，不見於外，是所獨失也。故諺曰：「有病不治，常得中醫。」

容成陰道二十六卷。

務成子陰道三十六卷。

堯舜陰道二十三卷。

湯盤庚陰道二十卷。

天老雜子陰道二十五卷。

天一陰道二十四卷。

黄帝三王養陽方二十卷。

三家内房有子方十七卷。

右房中八家，百八十六卷。

房中者，（性情）〔情性〕之極，至道之際，是以聖王制外樂以禁內情，而爲之節文。傳曰：「先王之作樂，所以節百事也。」樂而有節，則和平壽考。及迷者弗顧，以生疾而隕性命。

宓戲雜子道二十篇。

上聖雜子道二十六卷。

道要雜子十八卷。

黃帝雜子步引十二卷。

黃帝岐伯按摩十卷。

黃帝雜子芝菌十八卷。〔一〕

黃帝雜子十九家方二十一卷。

泰壹雜子十五家方二十二卷。

神農雜子技道二十三卷。

泰壹雜子黃冶三十一卷。〔二〕

右神僊十家，二百五卷。

〔一〕師古曰：「服餌芝菌之法也。菌音求閔反。」

〔二〕師古曰：「黄冶，釋在郊祀志。」

神僊者，所以保性命之眞，而游求於其外者也。聊以盪意平心，同死生之域，〔一〕而無怵惕於胸中。然而或者專以爲務，則誕欺怪迂之文彌以益多，〔二〕非聖王之所以教也。孔子曰：「索隱行怪，後世有述焉，吾不爲之矣。」〔三〕

〔一〕師古曰：「盪，滌。一曰，盪，放也。」

〔二〕師古曰：「誕，大言也。迂，遠也。」

〔三〕師古曰：「禮記載孔子之言。索隱，求索隱暗之事，而行怪迂之道，妄令後人有所祖述，非我本志。」

凡方技三十六家，八百六十八卷。

方技者，皆生生之具，王官之一守也。太古有岐伯、俞拊，中世有扁鵲、秦和，〔一〕蓋論病以及國，原診以知政。〔二〕漢興有倉公。今其技術晻昧，〔三〕故論其書，以序方技爲四種。

〔一〕師古曰：「和，秦醫名也。」

〔二〕師古曰：「診，視驗，謂視其脈及色候也。診音軫，又音丈刃反。」

〔三〕師古曰：「晻與暗同。」

大凡書，六略三十八種，五百九十六家，萬三千二百六十九卷。入三家，五十篇，省兵十家。

校勘記

一七○二頁一七行 轉(爲)〔寫〕脫誤， 景祐、殿本都作「寫」。

一七○三頁一一行 號九師(法)〔說〕。 景祐、殿本都作「說」。

一七○四頁一三行 漢興，田(和)〔何〕傳之。 錢大昭說「和」當作「何」。按景祐、殿本都作「何」。

一七○五頁五行 歐陽經(二)〔三〕十二卷。 景祐、殿本都作「三」。

一七○八頁一○行 詩言志，(哥)〔歌〕詠言。 景祐、殿本都作「歌」。下及注並同。

一七○九頁一行 三家(者)〔皆〕不得其眞， 景祐、殿本都作「皆」。

一七○九頁二行 經(七十)〔十七〕篇。 劉敞說此「七十」與後「七十」皆當作「十七」。錢大昭、王先謙都說劉說是。

一七一○頁一一行 (學七十)〔與十七〕篇文相似， 劉敞說「學七十」當作「與十七」。楊樹達以爲劉說確鑿不可易。

一七一七頁一○行 蓋孔子對〔魯〕哀公語也。 景祐、殿本都有「魯」字。

一七一九頁一〇行　千八百七十(一)〔二〕字，景祐、殿本都作「二」。

一七二〇頁二行　(成)〔元〕帝時黃門令史游作。錢大昭說「成帝」當作「元帝」。按景祐、殿本都作「元帝」。

一七二一頁八行　漢(書)〔興〕，景祐、殿本都作「興」，此誤。

一七二一頁一二行　臣復續揚雄作十(二)〔三〕章，景祐、殿本都作「三」。王先謙說作「三」是。

一七二三頁一二行　論語載孔子之(書)〔言〕，景祐、殿本都作「言」。王先謙說作「言」是。

一七二三頁一三行　任意改(治)〔作〕也。景祐、殿本都作「作」。王先謙說作「作」是。

一七二五頁一〇行　讕言十(一)篇。景祐、殿本都作「十篇」。

一七二五頁一四行　齊閔王失國，(聞)〔問〕之，景祐、殿、局本都作「問」。王先謙說作「問」是。

一七二六頁三行　(侯)〔俟〕子一篇。景祐、殿本都作「俟」。王先謙說作「俟」是。

一七二七頁一四行　入揚雄一家〔三〕十八篇。景祐、殿本都作「三十八」。

一七三〇頁六行　「楚人」二字據景祐、殿本補。

一七三七頁一〇行　則苟鉤(鈲)〔⿰金𠂢〕析亂而已。李慈銘說「鈲」當作「⿰金𠂢」，注同。

一七三八頁一五行　但有賢不肖(之)善惡。景祐、殿本都無「之」字。

一七四〇頁一四行　尉繚(子)二十九篇。景祐、殿本都無「子」字。

一七四一頁二行　武帝時（所）作賦。　景祐、殿本都無「所」字。

一七四三頁三行　諸子疾時（念）〔怠〕於農業，　景祐、殿本都作「怠」，此誤。

一七四四頁一行　言不須聖（主）〔王〕，　景祐、殿本都作「王」。

一七四五頁二行　武帝時以方士侍郎（隴）〔號〕黃車使者。　景祐、殿本都作「號」。

一七四六頁二行　是以九家之（說）〔術〕　景祐、殿本都作「術」。

一七五〇頁四行　從行至茂陵，（造作）〔詔造〕賦。　景祐、殿本都作「詔造」。

一七五〇頁七行　〔死〕時年二十餘。　景祐、殿本都有「死」字。

一七五三頁五行　（文）〔大〕雜賦三十四篇。　景祐、殿本都作「大」。

一七五六頁七行　〔序〕詩賦爲五種。　景祐、殿本都有「序」字。

一七五七頁六行　（季）〔李〕子十篇。　景祐、殿本都作「李」。

一七六八頁一〇行　泰一二十（二）九卷。　景祐、殿本都作「二十九卷」，「二」字衍。

一七七六頁二行　外經三十（九）〔七〕卷。　景祐、殿本都作「七」。

一七七六頁九行　原人血脈經（絡）〔落〕　景祐、殿本都作「落」。

一七七六頁一〇行　以瘉爲劇，（以死爲生）〔以生爲死〕。　景祐、殿本都作「以生爲死」。

一七七七頁一四行　音山諫反，〔又音刪〕。　景祐、殿本都有末三字。

一七七九頁二行　房中者，（性情）〔情性〕之極，　景祐、殿本都作「情性」。